AF546941

O.W. BARTH

Tara Brach

Lass den goldenen Buddha in dir strahlen

Weisheitsgeschichten
für mehr Vertrauen und
Selbstakzeptanz

Aus dem amerikanischen Englisch
von Bernhard Kleinschmidt mit
Illustrationen von Vicky Alvarez

O.W. BARTH

Die amerikanische Originalausgabe erschien 2021 unter dem Titel
»Trusting the Gold« bei Sounds True, Boulder, USA.

Besuchen Sie uns im Internet:
www.ow-barth.de

Aus Verantwortung für die Umwelt hat sich
die Verlagsgruppe Droemer Knaur zu einer nachhaltigen
Buchproduktion verpflichtet. Der bewusste Umgang mit
unseren Ressourcen, der Schutz unseres Klimas und der Natur
gehören zu unseren obersten Unternehmenszielen.
Gemeinsam mit unseren Partnern und Lieferanten setzen wir uns für
eine klimaneutrale Buchproduktion ein, die den Erwerb von
Klimazertifikaten zur Kompensation des CO_2-Ausstoßes einschließt.
Weitere Informationen finden Sie unter:
www.klimaneutralerverlag.de

Deutsche Erstausgabe Februar 2022
O.W. Barth

Ein Imprint der Verlagsgruppe
Droemer Knaur GmbH & Co. KG, München

Redaktion: Martina Darga
Covergestaltung: atelier-sanna.com, München
Coverabbildung: Vicky Alvarez
Illustrationen im Innenteil: Vicky Alvarez
Satz: Adobe InDesign im Verlag
Druck und Bindung: APPL, aprinta Druck, Wemding
ISBN 978-3-426-29323-2

2 4 5 3 1

Inhalt

Wahrheit

Liebe

Freiheit

Eine Einladung

Seit Jahrzehnten kreist ein Gebet im Hintergrund meines Lebens: Möge ich meiner Herzensgüte vertrauen. Möge ich die Herzensgüte in anderen sehen. Diese Sehnsucht rührt von einem tiefen Leiden her, das ich als junge Erwachsene durchgemacht habe. In jener dunklen Zeit war ich voll Angst, deprimiert und von der Welt um mich herum abgeschottet. Ich warf mir ständig vor, ich würde versagen und sei nicht gut genug; ich zweifelte daran, überhaupt etwas wert zu sein. Das hinderte mich natürlich daran, Nähe und Verbindung zu anderen und der Welt zu empfinden. Es hemmte jede Kreativität und hielt mich davon ab, mich richtig lebendig zu fühlen.

Es kommt mir wie Gnade vor, dass diese »Trance der Wertlosigkeit« mich auf einen spirituellen Weg führte, der mir gezeigt hat, wie ich mich selbst mit Mitgefühl behandeln kann. Das hat es mir möglich gemacht, die Schichten aus Selbstkritik und Zweifel zu durchschauen und darunter Klarheit, Offenheit, Präsenz und Liebe zu entdecken. Im Lauf der Jahre ist mein Vertrauen in dieses liebevolle Gewahrsein als Kern dessen, was wir alle sind, immer mehr zu einem Leitbild für mich geworden. Egal, wie verkehrt oder unzulänglich wir uns vorkommen, wie abgeschnitten wir uns fühlen oder wie stark wir in den Botschaften, Übergriffen und Ungerechtigkeiten der Gesellschaft verfangen sind, die grundlegende Herzensgüte bleibt der Kern unseres Wesens.

Diese Wahrheit drückt sich in einer wunderschönen Geschichte aus Thailand aus. Mitte der 1950er-Jahre bekam eine riesige Tonstatue Buddhas in Bangkok wegen der Hitze und Trockenheit Risse. Um den Schaden zu untersuchen, leuchteten Mönche mit einer Taschenlampe in den größten Riss, wo sie etwas Erstaunliches entdeckten. Tief unter der grauen Masse schimmerte es golden.

Niemand hatte gewusst, dass sich in der bekannten, aber nicht weiter bemerkenswerten Statue ein Buddha aus purem Gold befand. Wie sich herausstellte, war dieser sechshundert Jahre zuvor mit Ton und Gips umhüllt worden, um ihn vor einer ins Land eingefallenen Armee zu schützen. Die Mönche, die damals im Kloster lebten, waren bei dem folgenden Angriff umgebracht worden, doch da die Schönheit und der Wert des goldenen Buddhas verborgen waren, hatte er unversehrt überlebt.

So wie die Mönche damals die Schönheit des goldenen Buddhas verhüllt haben, um ihn in gefährlichen Zeiten zu schützen, so verdecken auch wir unsere angeborene Reinheit und Güte, wenn wir auf die Herausforderungen der Welt treffen. In der Kindheit wurden viele von uns kritisiert, ignoriert, missverstanden oder missbraucht, was uns dazu gebracht hat, das Gold in unserem Inneren in Zweifel zu ziehen. In der Jugend verinnerlichen wir dann zunehmend die Urteile und Werte unserer Gesellschaft, wodurch wir noch mehr den Kontakt zu unserer Unschuld, unserer Kreativität und unserem liebevollen Herzen verlieren. Wir verhüllen das Gold, während wir nach Bestätigung durch andere streben und es ihnen überlassen, unseren Wert zu bestimmen, also zu entscheiden, ob wir gut genug, klug genug, erfolgreich genug sind. Und wenn wir zu einer nicht dominanten Gruppe in unserer Kultur gehören, umhüllen wir uns mit zusätzlichen Schutzschichten gegen die Gewalt sozialer Ungerechtigkeit und Unterdrückung.

Während wir eine Schicht nach der anderen hinzufügen, um uns zu schützen, identifizieren wir uns immer mehr mit unseren Hüllen, bis wir uns für abgetrennt, bedroht und mangelhaft halten. Doch selbst wenn wir das Gold nicht sehen, können Licht und Liebe unserer wahren Natur nicht verdunkelt, getrübt oder gar ausgelöscht werden. Diese Natur ruft uns täglich durch unsere Sehnsucht nach Verbundenheit, durch unser Bedürfnis, die Realität zu begreifen, durch unsere Freude an der Schönheit und unseren angeborenen Wunsch, anderen zu helfen. In der Tiefe ahnen wir, dass es etwas jenseits unserer gewohnten Vorstellung eines abgetrennten, isolierten Selbst gibt – etwas Großes, Geheimnisvolles und Heiliges.

Was unterstützt uns dabei, dieses Gold zu enthüllen? Wie können wir lernen, dem reinen Gewahrsein und der Liebe zu vertrauen, der elementaren Herzensgüte, die unser eigentliches Wesen darstellt? Wie kann unser Leben zu einem aktiven Ausdruck unserer angeborenen Weisheit und Freundlichkeit werden? Und wie können wir mit weisem Herzen auf Unwissenheit, Gier und Hass unter den Menschen reagieren und damit auf das, was die Gewalt untereinander, Rassismus und Kastensysteme, Grausamkeit gegenüber nicht menschlichen Lebewesen und die Zerstörung unserer lebenden Erde aufrechterhält? Solche Fragen haben meinen spirituellen Weg bestimmt, und in diesem Buch schildere ich meine Herausforderungen und Entdeckungen in Geschichten, die hoffentlich auch Ihnen auf Ihrem Weg etwas bedeuten können.

In den drei Teilen des Buchs – Wahrheit, Liebe und Freiheit – werden die zentralen Lehren Buddhas erkundet, die uns zu dem erwachen lassen, wer wir sind. Zuerst lernen wir, die Wahrheit unserer eigenen Erfahrung zu erkennen, indem wir uns dem Leben öffnen, so wie es eben ist. Dann geht es darum, die uns eigene Fähigkeit zu wecken, auf das sich ständig verändernde Leben mit Liebe zu reagieren. Indem wir unsere Präsenz und Liebe entfalten, enthüllt sich schließlich die Freiheit unserer wahren Natur. Vielleicht finden Sie es sinnvoll, diesen Lehren zu folgen, indem Sie das Buch von Anfang bis Ende lesen. Aber weil die Lehren so ineinander verwoben sind, können Sie auch einfach irgendeine Seite aufschlagen, um zu entdecken, was in jedem beliebigen Augenblick womöglich etwas Erkenntnis in Ihr Leben bringen kann.

Manche der Geschichten werden von der Einladung begleitet, ein wenig innezuhalten, nachzudenken und zuzulassen, dass Ihre eigene Weisheit und Ihr Verstehen geweckt werden. Diese Momente, in denen Sie über die Worte hinausgehen und zur Präsenz heimkehren, sind das Tor zu jeder wahren Heilung und Freiheit.

Auch wenn das Gold Ihrer wahren Natur unter Furcht, Ungewissheit und Verwirrung begraben werden kann – je mehr Sie dieser liebevollen Präsenz als Wahrheit dessen vertrauen, wer Sie sind, desto vollständiger werden Sie sie in sich selbst und in allen, denen Sie begegnen, zum Ausdruck bringen. Wenn wir Menschen uns aber immer besser an jenes Gold erinnern, werden wir einander und alle Wesen mit wachsender Ehrfurcht und Liebe behandeln.

Mögen wir Vertrauen haben und aus der Reinheit unseres grenzenlosen, strahlenden Herzens heraus leben.

Mögen wir uns an den Händen halten,
während wir gemeinsam erwachen

und dieser kostbaren, leidenden, geheimnisvollen und wunderschönen Welt gemeinsam unsere Fürsorge schenken.

Mit liebevollen Wünschen

Tara

Wahrheit

Unsere grundlegende Herzensgüte

Das Gold unserer wahren Natur kann niemals getrübt werden. Auch wenn unser Gewahrsein noch so sehr durch Gefühle von Zorn, Unzulänglichkeit und Angst überdeckt oder verhüllt ist, bleibt es leuchtend und rein. In den Momenten, in denen wir uns an diese grundlegende Güte unseres Wesens erinnern und ihr vertrauen, löst sich der Klammergriff der Vorstellung, etwas an uns sei verkehrt, und wir öffnen uns dem Glück, dem Frieden und der Freiheit.

Was ist gut genug?

Ich hätte es besser machen können. Ich hätte mehr zustande bringen sollen. Ich wünschte, ich wäre einfühlsamer gewesen. Viele Jahre lang war »nie genug« eine chronische Gewohnheit meines Denkens, die ich in endlosen Variationen beherrschte. Bevor ich eines Abends zu Bett ging, setzte ich mich endlich hin und fragte mich: »Okay, was wäre eigentlich genug? Was muss ich tun, um *gut genug* zu sein?«

Im Lauf der folgenden Wochen beobachtete ich, was passierte, nachdem ich ein Wochenende lang erfolgreich einen Kurs geleitet hatte, nachdem man mir gesagt hatte, ich würde zum Wohlergehen anderer beitragen, oder nachdem ich zu jemand besonders freundlich oder großzügig gewesen war. Das Gefühl, es sei *genug*, dauerte etwa drei Minuten lang an, bevor ich mich darauf fixierte, was ich sonst noch tun, wie ich mich für die nächste Veranstaltung vorbereiten und inwiefern ich in Zukunft konsequenter einfühlsam und freundlich sein musste. Selbst die befriedigendsten Leistungen schienen bei näherer Betrachtung durch mein Ego verunreinigt und daher nicht *spirituell* genug zu sein. Egal, was ich tat, es verschaffte mir kein anhaltendes Gefühl, dass es genug gewesen wäre.

Seit ich mich an diesem lange zurückliegenden Abend mit der nicht enden wollenden Vorstellung konfrontiert habe, hinter meinen Erwartungen zurückzubleiben, habe ich entdeckt, dass Genugsein absolut nichts damit zu tun hat, etwas zu leisten oder zu erreichen. Ebenso wenig geht es darum zu versuchen, gut genug zu sein. Vielmehr verwirklicht sich dieser Zustand in der Fülle der Präsenz, in der Zärtlichkeit eines offenen Herzens und in der Stille, in der wir dem Leben lauschen. Das sind die Momente, in denen das goldene Glänzen hindurchleuchtet.

BETRACHTUNG Halten Sie inne und lassen Sie sich in den jetzigen Moment sinken, in die Präsenz, in Ihr Herz. Sagen Sie sich sanft: »Es gibt nichts zu tun. Es ist genug … ich bin genug.« Spüren Sie die Fülle und den Frieden des Gefühls heimzukommen.

Danke für alles

Vor mehreren Hundert Jahren lebte in Japan eine Zen-Meisterin namens Sono, die weithin für ihre Weisheit bekannt war. Viele suchten sie auf, um Heilung für Körper, Geist und Herz zu finden. Doch gleichgültig, welchen Schmerz oder welches Leiden die Menschen hatten, bot Sono ihnen ein einfaches Heilmittel an: »Wiederhole täglich dieses Mantra: Danke für alles, ich habe keinerlei Klagen.« Es wird berichtet, dass jene, die sich diesen Rat zu Herzen nahmen, Glück und Heilung fanden.

Als mein Sohn Narayan in seiner Teenagerzeit an allem herumnörgelte und mit dem Leben generell unzufrieden war, erzählte ich ihm eines Tages die Geschichte von Sono, weil ich hoffte, ihm damit eine andere Perspektive zu vermitteln. Das schien keine große Wirkung zu haben. Aber wenig später gerieten wir auf der Fahrt zum Zahnarzt in einen Verkehrsstau. Es ging überhaupt nicht mehr vorwärts, und die Minuten verrannen. Ich umklammerte das Lenkrad so fest, dass meine Knöchel weiß wurden, und murmelte: »Ach, du Scheiße.« Daraufhin streckte Narayan die Hand aus und stupste mich an. »Mama«, sagte er mit einem überlegenen Lächeln, das ausdrückte, er habe mich erwischt. »Danke für alles, ich habe keinerlei Klagen!« Wenn sich seither meine innere Beschwerdeführerin meldet, höre ich manchmal noch immer die Stimme meines Sohnes, die spielerisch die Weisheit von Sono zum Ausdruck bringt.

Der zweite Pfeil

Es heißt, eines Tages habe der Buddha zu einer Gruppe von Anhängern über unsere Gewohnheit gesprochen, uns selbst zu kritisieren, wenn etwas schiefläuft, wodurch wir nur im Leiden stecken blieben. Als er sah, dass einer der jungen Männer verwirrt dreinblickte, bat er ihn vorzutreten und fragte: »Wenn man von einem Pfeil getroffen wird, ist das schmerzhaft?« Wohl in der Annahme, das sei eine ziemlich simple Frage, erwiderte der junge Mann: »Ja, natürlich.«

Der Buddha nickte. »Und wenn man dann von einem zweiten Pfeil getroffen wird, ist das noch schmerzhafter?« Der junge Mann erwiderte: »Ja, das wäre es wohl.«

Dann erklärte der Buddha: »Im Leben tauchen von Natur aus Schwierigkeiten auf; es läuft nicht so, wie wir es uns wünschen, wir haben einen Unfall oder werden krank. Der erste schmerzhafte Pfeil entzieht sich oft unserer Kontrolle. Aber durch unsere Reaktion darauf, was passiert ist, können wir unseren Schmerz noch verschlimmern.« Zum Beispiel würden wir uns als Opfer fühlen, uns darüber ärgern, dass das Leben ungerecht sei, oder uns Vorwürfe machen, wir hätten uns nicht gut um uns gekümmert. »Unsere Reaktion ist der zweite Pfeil, der unser Leiden verstärkt«, sagte der Buddha. »Denn wir identifizieren uns mit einem leidenden Selbst.« Der junge Mann nickte, da er jetzt begriff, wie schmerzhaft es sein kann, reflexartig emotional zu reagieren.

Es ist nützlich, sich daran zu erinnern, dass der erste Pfeil in dieser Geschichte nicht nur das unangenehme Gefühl darstellt, das sich einstellt, wenn in unserem Leben etwas schiefläuft. Er kann auch der emotionale Schmerz sein, den wir spüren, wenn wir verängstigt oder wütend sind oder wenn wir Kummer oder Hass empfinden. Es kann der Schmerz von Depression oder Gier sein. Und wenn wir dann reagieren, indem wir uns für diese an sich schon schmerzhaften Gefühle kritisieren, schießen wir den zweiten Pfeil ab. Wecken wir jedoch Mitgefühl für uns selbst und lösen wir uns von Beschämung und Selbstverurteilung, so befreien wir uns von diesem Leiden und heilen unser Herz.

BETRACHTUNG Wenn Sie das nächste Mal Angst oder Ärger verspüren, versuchen Sie, darauf mit Mitgefühl einzugehen, statt den zweiten Pfeil abzuschießen, indem Sie sich selbst verurteilen und sich Vorwürfe machen.

Den Dämonen widerstehen

Wir führen oft Krieg gegen unsere schmerzhaften Emotionen und unsere schlechten Gewohnheiten, die unerwünschten dunklen Teile von uns. Wir versuchen, sie zu leugnen oder wegzuschieben; wir würden sie gern verbergen, korrigieren oder verurteilen. Normalerweise ist das vergeblich.

Milarepa, ein tibetischer Meister des zwölften Jahrhunderts, geriet ebenfalls in einen solchen Kampf. Nachdem er viele Jahre einsam in den Bergen gelebt und praktiziert hatte, kehrte er eines Abends in seine Höhle zurück und stellte fest, dass sie mit Dämonen gefüllt war. Obwohl er begriff, dass es sich nur um Projektionen seiner eigenen Psyche handelte, wurden sie dadurch nicht weniger bedrohlich und grässlich. Wie sollte er sie loswerden?

Zuerst dachte er, es könnte helfen, ihnen spirituelle Wahrheiten zu vermitteln, doch sie ignorierten ihn einfach. Wütend und frustriert rannte er auf sie zu und versuchte, sie aus der Höhle zu drängen. Da sie viel stärker als er waren, lachten sie ihn nur aus. Schließlich gab Milarepa auf, setzte sich auf den Boden und sagte: »Ich werde nicht verschwinden, und so wie es aussieht, werdet ihr das auch nicht tun, also lasst uns einfach zusammen hier leben.« So können auch wir auf die besonders hartnäckigen Dämonen reagieren, die uns begleiten: »Tja, so bin ich eben. Ich muss wohl damit leben. Das Leben ist nun einmal so.«

Als Milarepa aufhörte, sich zu wehren, übernahmen die Dämonen zu seiner Überraschung jedoch nicht das Kommando, sondern standen auf und verließen die Höhle. Alle bis auf einen, und der war besonders mächtig. Milarepa erkannte, dass er nur eines tun konnte – er musste den Mut aufbringen, seine Unterwerfung zu vertiefen. Daher ging er auf den Dämon zu und legte ihm den Kopf ins gewaltige Maul. »Friss mich auf, wenn du willst«, sagte Milarepa. In diesem Augenblick verschwand der Dämon.

Ich habe festgestellt: Erst wenn ich völlig aufhöre, mich zu wehren – wenn ich nicht mehr urteile, wenn ich nicht mehr versuche, die Kontrolle zu erlangen oder etwas zu vermeiden, und wenn ich mich nicht mehr verspanne –, erst dann gelange ich zu einer offenen, sanften und heilsamen Präsenz. In dieser sanften Offenheit gibt es keinen Ort, an dem die schmerzhaften Schattenenergien wurzeln könnten. Wenn wir wahrhaft alle Selbstschutzstrategien aufgeben, verlieren die Dämonen ihre Macht. Ist der Widerstand verschwunden, so sind das auch die Dämonen.

BETRACHTUNG Was ist Ihr schlimmster Dämon? Ist es Angst? Scham? Hass? Einsamkeit? Was würde es bedeuten, den Widerstand aufzugeben und direkt Ihre Gefühle zu spüren, wenn dieser Dämon das nächste Mal auftaucht?

Auch dies

In den Jahren, als ich in einem Ashram lebte, gab es immer wieder Phasen, in denen ich Misstrauen und Ärger gegenüber unserem spirituellen Lehrer empfand und mich schuldig fühlte, weil ich keine völlig hingebungsvolle Schülerin war. Dann hatte ich das Gefühl, nicht wirklich zur Gemeinschaft zu gehören. Ich erinnere mich an einen Morgen, als die Gruppe wie gewohnt zu Yoga und Meditation zusammenkam. An diesem Tag war ich voll zorniger Gedanken darüber, was mit dem Lehrer und dem Ashram nicht in Ordnung war, empfand jedoch zugleich Scham wegen meiner ganzen Negativität. Ich kämpfte gegen mich selbst, weil ich gegen andere in meinem Leben kämpfte.

Da flüsterte ein weiser Teil von mir: »Lass alles da sein, lass die ganzen Gefühle zu.« Immer wenn meine negativen Empfindungen auftauchten, sandte ich mir daher die Botschaft: »Das gehört dazu. Dieser Ärger gehört dazu. Diese Beschämung gehört dazu. Dieses Gefühl der Einsamkeit gehört dazu.« Bei allem, was sich meldete, dachte ich: »Auch das gehört dazu.«

Damit drückte ich nicht aus, dass mein von Ärger geprägtes Urteil über mich selbst oder andere zutreffend wäre. Ich drückte auch nicht aus, dass irgendeines meiner Gefühle für immer da sein würde, und ich ignorierte die Botschaften, die meine Emotionen mir vermittelten, nicht. Ich erkannte einfach an, dass in diesen Momenten sämtliche Wellen, die sich im Ozean meines Wesens erhoben, dazugehörten; sie waren ein Teil meines Lebens.

Dadurch kam es in mir zu einer tiefgründigen Veränderung. Indem ich *nicht* versuchte, die Wellen aufzuhalten, sondern ihnen erlaubte, da zu sein, entspannte und öffnete ich mich. Ich war der Ozean samt diesen Wellen. Und in dieser Ganzheit spürte ich wieder, dass ich von Natur aus zu meinem eigenen Leben und allem Leben gehörte.

Zu meinen Gefühlen zu sagen, dass sie dazugehörten, hat mich nicht daran gehindert, auf die Intelligenz meiner Emotionen zu hören und schließlich den Ashram zu verlassen. Aber statt als Opfer zu reagieren, ermöglichte mir diese Haltung, mit einer wachen, unterscheidenden Präsenz zu lauschen und zu handeln.

BETRACHTUNG Gibt es in Ihrem Leben gerade etwas, das schmerzhafte Gefühle an die Oberfläche bringt? Was passiert, wenn Sie den Gefühlen, die da hochkommen, die Botschaft senden, dass sie als Teil des Lebens dazugehören? Wie könnte das Ihnen helfen, mit mehr Präsenz und Kreativität auf die Situation zu reagieren?

Zeitungsmeditation

In den Wochen vor der von den US-amerikanischen Streitkräften angeführten Invasion des Irak im Jahr 2003 spürte ich, dass ich immer aufgewühlter wurde. Jeden Tag machten die Schlagzeilen deutlich, wohin das ganze Gerede der Politiker führen würde. Wenn ich die Zeitung aufschlug, empfand ich Zorn und Feindseligkeit gegenüber jenen Leuten in der Regierung, die die Kriegstrommel schlugen. Schon wenn ich Fotos von ihnen auf der Titelseite sah, brachte mich das in Rage.

Um dieselbe Zeit war gerade mein Buch *Mit dem Herzen eines Buddha* erschienen, in dem es um radikale Akzeptanz geht. Meine Schülerinnen und Schüler fragten mich, wie man eine solche Haltung mit politischem Aktivismus verbinden könne. Wie konnten wir zugleich »radikal akzeptieren« und nach Veränderung streben? Wie konnten wir sehen, was vor sich ging, ohne etwas dagegen zu tun? Mir wurde zunehmend bewusst, dass die Feindseligkeit, die ich in mir spürte, eigentlich eine andere Form von Gewalt war. Dennoch musste ich mich engagieren; ich musste etwas tun, musste irgendwie handeln.

Da ich nicht aufhören wollte, Zeitung zu lesen, beschloss ich, daraus eine Meditation zu machen. Wenn ich morgens die Zeitung aufschlug, überflog ich die Schlagzeilen, las einige Absätze … und hielt inne. Ich nahm meine Reaktionen wahr, meine Gedanken und mein Gefühl der Empörung. Diese Erfahrung ließ ich in

Kopf und Körper kreisen, ohne sie zu leugnen oder zu fördern; ich beobachtete nur die Reaktion, die ich auf die neuesten Berichte hatte.

Als ich mich der ganzen Kraft des Zorns öffnete, den ich empfand, konnte ich darin nach einer Weile Angst um unsere Welt spüren. Und als ich mich dieser Angst öffnete, wurde daraus Kummer um das Leiden und die Zerstörung, die der Krieg unvermeidlich bringen würde. Aus diesem Kummer jedoch entstand eine tiefe Fürsorge für alle Wesen – Menschen, Tiere und Bäume –, die durch die Gewalt, auf die wir uns zubewegten, Schaden erleiden würden.

Nach einer Reihe solcher Zeitungsmeditationen ergab sich die Gelegenheit, mit anderen Leuten nach Washington zu fahren, um gegen den Krieg zu protestieren. Gemeinsam mit Geistlichen aller Konfessionen, Nobelpreisträgern und vielen anderen wurden wir gewaltlos festgenommen, während wir unsere Sorge um alle ausdrückten, die direkt vom Krieg betroffen sein würden, um Militärangehörige und um Familien im Irak und in den Vereinigten Staaten. Wir brachten dem gewaltigen Leiden, das kommen würde, Mitgefühl entgegen und wir hatten Frieden statt Gewalt im Herzen.

Indem ich meine Gefühle von Zorn und Frustration radikal akzeptierte, fand ich einen Weg zu jener Fürsorge, aus der sich weises Handeln ergibt. Akzeptanz für alles, was in uns im gegenwärtigen Moment auftaucht, ist kein passiver Akt. Vielmehr ermöglicht uns diese engagierte, achtsame Präsenz, aus der Tiefe unseres Mitgefühls und unserer Weisheit heraus auf die Welt zu reagieren.

BETRACHTUNG Wenn Sie in irgendeiner Situation feststellen, dass Sie zornig sind, können Sie einfach wahrnehmen, was passiert, wenn Sie innehalten und sich erlauben, die Intensität Ihrer Gedanken und Gefühle zu registrieren. Spüren Sie die Ängste oder Verletzungen unterhalb des Zorns? Und können Sie darunter die Verletzlichkeit und Zärtlichkeit Ihres fürsorglichen Herzens spüren?

Spüre deine Schärfe und werde weicher

Ich hatte unterrichtet, Texte geschrieben, mich fit gehalten und dabei versucht, alles so gut wie irgend möglich zu tun – und dann machte mein Körper eines Tages schlapp. Ich landete direkt in einem Krankenhausbett mit einer Infusion im Arm.

In der ersten Nacht fühlte ich mich völlig allein und hilflos. Während ich wach dalag, wirbelten mir die Gedanken im Kopf herum. *Ob das wohl noch viel schlimmer wird? Werde ich je wieder unterrichten können? Und was ist mit dem Schreiben? Werde ich mich je wieder an einen Computer setzen und arbeiten können? Kann ich überhaupt auf irgendetwas in der Zukunft zählen?* Mein Leben lag nicht mehr in meinen Händen. Alles kam mir so zerbrechlich, provisorisch und außerhalb meiner Kontrolle vor.

Da kamen mir die Worte eines tibetischen Lehrers in den Sinn – dass der Kern der spirituellen Praxis darin bestehe, »unsere Schärfe wahrzunehmen und weicher zu werden«. An diesem Punkt stand ich jetzt. Ich spürte die Schärfe von Angst, Einsamkeit, Verzweiflung. Wie konnte ich angesichts dessen wohl weicher werden? Behutsam bestärkte ich mich darin, mich direkt in die Schärfe der Angst zu versenken und dort nachzugeben. Während ich meine Angst zuließ, stieg ein tiefer, schneidender Kummer in mir auf und stach mir ins Herz. Es war, als würde ich in ein schwarzes Loch aus Kummer stürzen. Es war wie Sterben: *Das Leben, das ich kannte, wird vielleicht nicht mehr möglich sein.*

»Sei einfach da«, sagte ich mir schluchzend, während der Kummer meinen Körper durchwogte. Mit der Hand auf dem Herzen wiederholte ich immer wieder: »Liebes, werd einfach weicher … lass los, es ist in Ordnung so.« Je tiefer der Schmerz, desto zärtlicher wurde meine innere Stimme. Daraufhin gab ich vollständig auf, und mit diesem tief reichenden Loslassen an der scharfen Kante des Kummers öffnete sich in mir ein Raum, der mit der Zärtlichkeit von reiner Liebe erfüllt war. In den folgenden Momenten war ich von einer zeitlosen, liebevollen Präsenz umgeben und durchdrungen.

»Liebes, werd einfach weicher« wurde für meinen restlichen Krankenhausaufenthalt zu meinem Mantra. Seither bin ich vollständig genesen, stelle aber immer noch fest, dass ich verletzlich und beklommen wegen dem bin, was hinter der Ecke auf mich wartet. Ich habe Angst, auf irgendeine Weise zu versagen. Wenn das geschieht, spüre ich, dass ich auf etwas Scharfes gestoßen bin, und fordere mich behutsam auf, weicher zu werden. Jedes Mal, wenn ich mich der Angst stelle, was die Zukunft mir bringen könnte, entsteht ein tieferes Vertrauen. Was das Leben mir auch bringen mag, ich kann üben, mich dieser Schärfe zu stellen und weicher zu werden.

BETRACHTUNG Stehen Sie jetzt gerade an der scharfen Kante der Angst? Lassen Sie es zu, sich der Angst, der Sorge oder dem Kummer zu öffnen, sich der Schärfe zu stellen und weicher zu werden. Nehmen Sie wahr, was sich verändert, während Sie sich diesem verletzlichen Teil mit einer klaren, freundlichen Präsenz zuwenden.

Das Geschenk einer gescheiterten Strategie

Zu meinen Lieblingsübungen gehört es, mich bewusst darauf zu konzentrieren, das Gute in anderen zu sehen – wirklich zu sehen, wer da ist. Eine ideale Gelegenheit für mich, das im Sinn zu behalten, sind Signierstunden. Da sitze ich an einem Tisch und begrüße die Leute, die mir eines meiner Bücher hinhalten. Sie haben die Titelseite aufgeklappt und warten darauf, dass ich etwas Nettes für sie schreibe, was ganz persönlich an sie gerichtet ist. Bei allen nehme ich mir einen Moment Zeit dafür zu würdigen, wer da vor mir steht.

Wenn ich dann Leute sehe, die ich kenne, weiß ich zwar Bescheid über ihre Vergangenheit und ihre wichtigsten Beziehungen, darüber, wo sie sich gerade im Leben befinden und in welcher Weise sie feststecken. Aber wenn ich versuche, mich an ihren Namen zu erinnern, gelingt mir das oft nicht.

Besonders heikel ist das, wenn so etwas an meinem Wohnort stattfindet. Als mein Buch *Mit dem Herzen eines Buddha* herauskam, war ich vor der Signierstunde dort richtig nervös. Ich hatte Angst, dass Leute, die ich sehr, sehr gut kannte, auf mich zukommen und mir das Buch überreichen würden, ohne dass ich irgendeine Ahnung hatte, wie sie hießen. Ich konnte mir schon vorstellen, wie ich lächelnd fragte: »Für wen soll denn die Widmung sein?«, und zur Antwort bekam: »Ach, für mich natürlich!«

Daher kam ich auf die etwas hinterlistige Strategie zu fragen: »Wie schreibt man denn deinen Namen?« Wie ich mir vorstellte, war es durchaus in Ordnung, schlecht in Rechtschreibung zu sein, nicht jedoch, einen Namen zu vergessen. Wenn man sich an deinen Namen erinnert, drückt das ja Wertschätzung für dich aus.

Als ich dann an meinem Signiertisch saß, kam eine Frau auf mich zu, die ich seit Jahren kannte und von Herzen schätzte. Ihr Name fiel mir natürlich nicht ein. Es war, als hätten meine Ängste erst recht dazu geführt.

Ich zog meine Strategie aus der Tasche. »Wie buchstabiert man deinen Namen?«, fragte ich treuherzig. Worauf sie sagte: »J-A-N-E.« Erwischt! Wir brachen beide in Lachen aus, worauf ich ihr von dem Problem erzählte, das ich mit Namen habe. »Weißt du«, sagte ich, »ich hab mich davor gefürchtet, dass jemand namens Bob zu mir kommt und ich ihn frage: ›Wie buchstabiert man das?‹«

Wieder lachten wir beide, weil wir das ziemlich lustig fanden, aber es war mir trotzdem furchtbar peinlich, dass ich den Namen von Jane vergessen hatte. Um das wiedergutzumachen, wollte ich ihr eine besonders liebevolle Widmung ins Buch schreiben. Ich klappte es auf, und bevor ich michs versah, hatte ich geschrieben: »Für Bob.«

Noch heute unterschreibt Jane ihre E-Mails an mich mit: »Liebe Grüße, Bob.«

Alles in allem habe ich von meiner gescheiterten Strategie nur profitiert. Als ich versuchte, mich zu verstellen, um die Situation unter Kontrolle zu halten, bin ich entlarvt worden. Aber dadurch wurde die Begegnung zwischen mir und meiner Freundin wirklich authentisch und ließ mehr Nähe zwischen uns entstehen.

Wenn wir Angst haben oder uns irgendwie unzulänglich fühlen, übernimmt unter Umständen unsere innere Kontrollinstanz die Führung und versucht, uns mit einer kleinen Täuschungsstrategie zu beschützen. Wie erleichternd kann es dann sein, endlich unsere Unvollkommenheiten einzugestehen! Jetzt spreche ich vor Signierstunden dieses Gebet zu Bob (hoppla, ich meine natürlich Gott): »Möge ich authentisch sein.«

BETRACHTUNG Kommt es in Ihrem Leben zu Situationen, in denen Sie etwas vortäuschen, um einen Teil von sich zu verbergen, der sich verletzlich oder unzulänglich fühlt? Wie könnte es wohl sein, wenn Sie loslassen und wirklich authentisch sind?

Von Schuldgefühlen hin zu einem offenen Herzen

Drei Jahre lang war ich Mitglied einer kleinen Meditationsgruppe in der Gegend von Washington. Wir hatten uns zusammengefunden, um unser Verständnis dafür zu vertiefen, wie das Leben für Menschen aus verschiedenen gesellschaftlichen Gruppen war. Wir waren schwarz, braun, weiß, transgender, cisgender, homo- und heterosexuell. Gemeinsam hatten wir das Ziel, unser Projekt mit Achtsamkeit und Mitgefühl zu erfüllen.

In den ersten Monaten berichteten wir uns gegenseitig von unseren Erfahrungen als Teil einer dominanten oder nicht dominanten Gruppe. Wer aus einer marginalisierten Gruppe kam, hatte meist täglich unter Übergriffen gelitten und sich missachtet, unsichtbar und gedemütigt gefühlt. Manche berichteten, sie hätten schon ihr Leben lang Angst, in körperlicher Gefahr zu sein. Eine afroamerikanische Frau erzählte, sie habe als Kind erlebt, wie erniedrigt ihr Vater sich gefühlt habe, als er völlig grundlos von der Polizei angehalten und respektlos behandelt worden sei. Eine afroamerikanische Mutter sagte, sie habe Angst um ihren jugendlichen Sohn, wenn er nachts unterwegs sei. Ein schwuler Mann beschrieb, wie erbarmungslos er in seiner Jugend schikaniert worden war. Eine Transgender-Person erzählte von den langen, schmerzhaften Jahren, in denen sie die Wahrheit vor ihren Eltern geheim gehalten hatte.

Während ich hörte, wie diese Menschen ihre Verletzlichkeit miteinander teilten, und während ich die Vertrautheit zwischen ihnen wachsen sah, wurde mir immer mehr bewusst, dass ich den Großteil meines Lebens in einer relativ geborgenen und privilegierten »weißen« Blase verbracht hatte. Es gab zwar seit Jahrzehnten Leute in meinem Freundes- und Verwandtenkreis, die unterschiedliche geschlechtliche und sexuelle Orientierungen hatten, aber zu meiner Welt – meinem Wohnviertel, meiner Unterrichtstätigkeit, meinen sozialen Kontakten – gehörten nur wenige Menschen mit anderer Hautfarbe. Wenn ich dann versuchte, über meine eigene Erfahrung als weiße Frau zu sprechen oder mein Mitgefühl auszudrücken, wenn von rassistischen Übergriffen die Rede war, kam ich mir gekünstelt und verlegen vor. Ich befürchtete ständig, eine unsensible Bemerkung zu machen. Am Ende jedes Treffens fühlte ich mich daher wie eine Außenseiterin.

Ein Treffen, das bei mir zu Hause stattfand, entpuppte sich als besonders verstörend. Ich merkte, wie defensiv und schuldig ich mich fühlte, weil ich weiß war. Außerdem wurde mir klar, wie dringend ich mir wünschte, meinen Wert als weiße Verbündete zu beweisen – und wie sehr ich dafür von den Menschen mit anderer Hautfarbe anerkannt werden wollte. Meine anfängliche Unsicherheit war zu einem zunehmend vertrauten Gefühl geworden.

Nachdem alle gegangen waren, blieb ich in dem Zimmer, in dem wir zusammengesessen hatten, und versuchte, meine Emotionen zu entwirren. Ich ließ alle Gefühle in mir aufsteigen und schon nach kurzer Zeit stieß ich auf den deutlichen Eindruck, ein schlechter Mensch zu sein. Ich war weiß und gehörte damit zu einer ethnischen

Gruppe, die anderen täglich Leiden zufügte. Nach meiner Vorstellung – und, wie ich meinte, nach der vieler anderer in der Gruppe – war ich jemand von den »schlechten anderen«. Als ich bei diesen Gefühlen blieb, empfand ich das Bewusstsein der jahrhundertelangen Gewalt von weißen gegenüber schwarzen Menschen als erdrückendes Gewicht. Ich war nicht nur ein Teil des Problems, mein tiefster Schmerz bestand darin, dass ich nicht genug unternahm, um den Schaden wiedergutzumachen.

An dieser Stelle forschte ich tiefer in mir und öffnete mich dafür, wie sich das Gefühl, als Person schlecht zu sein, in meinem Körper ausdrückte. Es war eine Art Übelkeit, ein schwerer, brennender Schmerz in Herz und Bauch, und dann der sich verstärkende Eindruck von Machtlosigkeit und Verzweiflung. Als ich ins Zentrum des Leidens vordrang, kamen der unverhüllte Schmerz von Getrenntsein und die Ursehnsucht nach Zugehörigkeit zum Vorschein.

Als diese Sehnsucht schärfer und intensiver wurde, brach etwas in mir zusammen und öffnete sich. Heraus strömte Trauer um das Leiden, das daher rührte, die eigenen Mitmenschen zu »den anderen« zu machen, zu Objekten, die weniger menschlich und wertvoll als wir selbst waren. Ich betrauerte die Gewalt und die Schrecken des Rassismus – in meinem Kopf tauchten Bilder von Lynchmorden auf, von Kindern, die ihren versklavten Eltern weggenommen wurden, von Sklavenpaaren, die man auseinanderriss, davon, wie afroamerikanische Menschen, die ich kannte und die mir wichtig waren, noch immer ins Gefängnis geworfen, entmenschlicht und kleingehalten wurden. Und ich trauerte um uns, die wir zur Gruppe mit der dominanten Hautfarbe gehörten – weil unser Herz und unser Bewusstsein betäubt, abgestumpft und verschlossen wurden, wenn wir Mitmenschen verletzten, und weil wir dann in einer künstlich gespaltenen, umgrenzten Welt eingesperrt waren.

Während es ruhiger in mir wurde, erkannte ich deutlich, dass gar kein »schlechtes Selbst« vorhanden war, sondern eine erlernte, durch jahrhundertelangen Rassismus geprägte Identifikation mit einer dominanten Gruppe. Wie alle Mitglieder unserer Gesellschaft hatte ich die Botschaften unseres Kastensystems und die damit verbundene Einteilung in höher und tiefer stehende Personen verinnerlicht. Mit diesen Überzeugungen und Gefühlen musste ich mich jedoch nicht identifizieren. Mit einem offenen Gewahrsein war es möglich, den Schmerz dieser Konditionierung zu erkennen und zu empfinden, ohne mich dabei zu verurteilen und zu verabscheuen, weil ich sie persönlich nahm. Die Trauer hatte mein Herz aufgebrochen, und der dadurch entstandene Raum konnte unsere leidende Welt mit Mitgefühl umfangen.

Was ich an diesem Abend erlebt habe, hat meine Beziehung zu den anderen Mitgliedern der Gruppe verändert. Allmählich erkannte und betrachtete ich die Muster meiner zerbrechlichen weißen Identität – meine Schuldgefühle und meine Verteidigungshaltung – mit mehr Klarheit und Freundlichkeit. Die Emotionen, die ich manchmal empfand, waren schmerzhaft real, fühlten sich jedoch nicht mehr so persönlich an. Ich konnte schneller zu einem offenen Herzen zurückkehren. Dass statt der Schuldgefühle nun Trauer und Mitgefühl vorherrschten, bahnte mir den Weg zu einer liebevollen Verbundenheit mit anderen und einem tieferen Entschluss, dazu beizutragen, Rassismus in allen seinen Formen ein Ende zu bereiten.

Als weiße Person habe ich es als nötig empfunden, mich bewusst immer wieder dem durch Rassismus verursachten Leid zuzuwenden und bereit zu sein, das dabei entstehende Unbehagen auszuhalten. Ein rassistisches Kastensystem verletzt die Menschlichkeit von uns allen, und unsere Freiheit erfordert es, dass wir das direkt sehen und empfinden. Ich bete darum, dass wir unsere Herzen aufbrechen lassen, damit wir uns dieser tiefen, jahrhundertealten Wunde zuwenden, an der wir alle leiden, und dass unser Mitgefühl uns dazu bringt, aktiv zur Heilung unserer Welt beizutragen. Das ist ein wesentlicher Teil des spirituellen Weges und der Zugang dazu, wahrhaft aus der Liebe heraus zu leben.

BETRACHTUNG Wie hat das Leiden des Rassismus Ihr Herz und Ihr Leben berührt? Wann und wie ist Ihnen ein »Rassenunterschied« zum ersten Mal bewusst geworden? Hat die Botschaft, manche würden höher und manche tiefer stehen, Sie von sich selbst und von anderen abgetrennt? Wie könnten Sie Ihre Aufmerksamkeit und Ihr Engagement so vertiefen, dass es zur Aufhebung der Getrenntheit und zur Heilung unserer Welt beiträgt?

Wenn du erkennen willst, wer du wirklich bist und wer andere sind, meide die Vorstellung, irgendein Lebewesen sei besser oder schlechter als du, würde höher oder tiefer stehen. Und wenn dein Kopf eine Hierarchie konstruiert, glaub nicht daran! In den Momenten, wenn wir Vergleiche, Werturteile und Hierarchien loslassen, erwachen wir zu dem Einssein, aus dem das Gewebe von allem, was ist, besteht, und zu einer Ehrfurcht vor den grenzenlosen und sich ständig verändernden Ausdrucksformen des Lebens.

Schwierige Wahrheiten aussprechen und empfangen

Als Jonathan und ich heirateten, gehörte zu meinem Eheversprechen an ihn die kühne Bestrebung, die in einem Gedicht von Rainer Maria Rilke ausgedrückt wird:

Ich will mich entfalten.
Nirgends will ich gebogen bleiben,
denn dort bin ich gelogen, wo ich gebogen bin.
Und ich will meinen Sinn wahr vor dir.

Tja, das hat sich als keine leichte Aufgabe erwiesen. Ich hatte mich einem Weg der Nähe verpflichtet, der den Mut erforderte, offen und aufrichtig gegenüber allem zu sein, auch gegenüber Teilen von mir, die ich lieber verborgen gehalten hätte.

Zu einer der größten Prüfungen meines Eheversprechens kam es schon zwei Jahre nach unserer Hochzeit. Ich wurde unvermutet mit chronischen Gesundheitsproblemen konfrontiert, die viele gemeinsame Aktivitäten – Bergwandern, Radfahren, Schwimmen, Bodyboarding – unmöglich machten. Worauf ich mir eine Zukunft vorstellte, in der Jonathan gesund und sportlich blieb, während ich immer weniger fit und begehrenswert wurde. Ich versank in einem wahren Sumpf aus Scham.

Wochenlang verbarg ich diese Gefühle, jedenfalls hoffte ich das. Ich ertrug es einfach nicht, Jonathan meine Scham und Unsicherheit sehen zu lassen. Meine Gefühle für mich zu behalten, war jedoch katastrophal, denn ich wurde immer deprimierter und distanzierter. Jonathan wiederum war verwirrt und besorgt. Ich war in mir selbst gefangen und wie gelähmt.

Endlich fragte ich Jonathan eines Tages, ob wir uns mal unterhalten könnten. Wie er gerne zugibt, erwartet er bei den Worten »Schatz, wir müssen miteinander sprechen« oft das Schlimmste und überlegt, was er jetzt wieder falsch gemacht habe. An jenem Tag jedoch brachte ihn wohl mein wackeliger innerer Zustand dazu, sich als guter Zuhörer zu erweisen. Er sorgte dafür, dass ich alles zum Ausdruck brachte, was ich sagen wollte und musste, und dann wiederholte er es mit eigenen Worten, damit ich wusste, dass er verstanden hatte. Er begriff meine Ängste, dass er eine alternde, kränkliche Frau am Hals haben würde, der es nur immer schlechter gehen werde. Dann gab er mir freundlich und klar zu verstehen, dass seine Liebe zu mir nicht an Bodyboarding oder irgendeine andere Aktivität gebunden war. Er genoss es, mit mir zusammen zu sein, und zwar unabhängig davon, was wir gemeinsam tun konnten.

Anschließend hörte ich ihm zu, während er mir gestand, dass er selbst in Gefühlen von Angst und Ohnmacht festgesteckt hatte, weil es mir so schlecht gegangen war, und wie sehr ihn das geschmerzt und von mir getrennt hatte. Als ich seiner Verletzlichkeit behutsam Raum gab, fühlte auch er sich gesehen und geliebt.

Die Dichterin Adrienne Rich hat geschrieben, eine ehrenvolle menschliche Beziehung, in der die beiden Beteiligten das Recht hätten, das Wort *Liebe* zu verwenden, bestehe aus einer Vertiefung der Wahrheiten, die sie einander sagen könnten. Das sei wichtig, weil dadurch die menschliche Selbsttäuschung und Abschottung zu Fall gebracht würden.

Indem Jonathan und ich uns weiterhin in offener Kommunikation üben, entdecken wir immer wieder, dass es sich lohnt, einander eine Chance zu geben, auch wenn wir noch so große Widerstände in uns spüren oder fürchten, verletzlich zu sein. Dadurch haben wir Vertrauen zu dem Raum aus gemeinsamer Liebe und Präsenz entwickelt, der unser Leben umschließt.

An ein getrenntes Selbst zu glauben, gehört zu unseren stärksten Illusionen und ist der Ursprung unseres Leidens. Wenn wir versuchen, das Gefühl zu verbergen, wir seien wertlos oder nicht liebenswert, vertieft das nur den Eindruck, von anderen getrennt zu sein. Gehen wir jedoch das Risiko ein, verletzlich und authentisch zu sein, enthüllt sich die Wahrheit, dass wir zusammengehören. Wir gehören einander, uns selbst und der Welt, die wir miteinander teilen.

BETRACHTUNG Hat Ihre eigene Verletzlichkeit etwas an sich, was Sie in einer wichtigen Beziehung für sich behalten? Können Sie sich vorstellen, das Risiko einzugehen, offener und authentischer zu sein, um die Liebe in dieser Beziehung zu vertiefen?

Kein Problem

Mein erster Vipassana-Lehrer war Joseph Goldstein, und ein Satz von ihm kommt mir noch heute regelmäßig in den Sinn: »Jedes Mal, wenn ich meine, es gibt ein Problem, komme ich zu dem Schluss, dass es doch keines gibt.« Diese einfache Richtlinie habe ich in unglaublich vielen Situationen nützlich gefunden! Wenn wir eine Situation als »Problem« bezeichnen, verfangen wir uns leicht in unserem »kleinen Selbst«. Das Denken verengt sich, und wir sehen die Dinge nur aus einer einzigen Perspektive. Wenn wir diesen negativen Blickwinkel jedoch aufgeben, können wir unsere Geschichten und Schlussfolgerungen allmählich entwirren und die jeweilige Situation mit einer frischen Perspektive sehen.

Vor einigen Jahren kam es zu einer heiklen Lage unter meinen Geschwistern und mir, weil es Meinungsverschiedenheiten über den finanziellen Umgang mit einem Haus gab, das wir gemeinsam geerbt hatten. Wir verschanzten uns alle hinter unseren individuellen Ansichten und dachten: »Au, das ist ein wirklich großes Problem!«

In dieser Zeit hatte ich die Gelegenheit, an einem Retreat teilzunehmen. Fern von dem hitzigen Familienstreit fielen mir in der Stille des Meditationsraums wieder einmal Josephs Worte ein. Als ich über den Konflikt nachdachte, in den meine Geschwister und ich verwickelt waren, sagte ich mir: »Ich beschließe jetzt einfach, dass das kein Problem mehr ist.« Daraufhin wiederholte ich jedes Mal, wenn die Situation mir in den Sinn kam: »Es ist kein Problem! Die Sache ist ungelöst, sie ist schwierig und lästig, aber sie ist kein *Problem!*«

Die Wirkung war erstaunlich. Schon durch den Entschluss, dass wir es nicht mit einem Problem zu tun hatten, entstand ein bisschen mehr Raum in meiner Betrachtungsweise, und ich war etwas weniger auf eine Lage fixiert, die mir bis dahin festgefahren vorgekommen war. Als ich mich nach dem Retreat wieder den Verhandlungen mit meinen Geschwistern widmete, waren meine größere Gelassenheit und Offenheit sehr nützlich.

Eine Herausforderung nicht mehr als »Problem« zu bezeichnen, ist kein illusionärer Akt, durch den wir die Erfahrung echten Leidens schmälern, etwas Schädliches ignorieren oder leugnen, dass manche Situationen nur schwer zu lösen sind. Vielmehr schafft es Raum für uns, damit wir klarer erkennen können, was gerade geschieht, ohne zu meinen, dass das Leben anders sein sollte, und ohne eine Situation als »schlecht« oder »verkehrt« zu bezeichnen. Dadurch können wir die Dinge so sehen, wie sie sind, mit all ihren schmerzhaften Komplikationen, aber auch mit ihrem Potenzial für kreative Reaktionen und tiefes Erwachen.

BETRACHTUNG Stehen Sie momentan in irgendeinem Bereich Ihres Lebens vor einer herausfordernden Situation? Wenn Sie aufhören, das als »Problem« zu bezeichnen, welche Möglichkeiten eröffnen sich dann in Ihrem Kopf?

Danke, Siri!

Mindestens zweimal pro Woche meditieren Jonathan und ich morgens gemeinsam. Das ist eines der Rituale, denen wir uns als Paar widmen. Ein Teil dieser Zeit dient dem Austausch; wir sprechen über unser Leben, darüber, wofür wir dankbar sind und was uns gerade herausfordert. Zum Abschluss richten wir den Blick direkt auf unsere Beziehung und stellen uns dabei oft die Frage: *Gibt es irgendetwas zwischen dir und mir, was uns davon abhält, uns in diesem Moment verbunden zu fühlen?*

Nachdem wir uns eines Morgens eine Weile unterhalten hatten, stand Jonathan auf und hätte den letzten Teil unseres Austauschs beinahe vergessen. Ich hatte bereits eine gewisse Spannung gespürt, weil ich das Gefühl hatte, immer mehr Interesse als er daran zu haben, was da eventuell zwischen uns stand. Scheinbar war ich diejenige, die darauf achten wollte, ob es etwas gab, worum wir uns kümmern mussten. Jonathan hingegen war zwar normalerweise durchaus bereit, Harmonie zwischen uns herzustellen, aber weniger daran interessiert, potenziell heikle Bereiche zu erforschen.

An jenem Morgen hatte ich zwar keinen aktuellen Konflikt im Sinn, grollte Jonathan aber noch wegen etwas, was ein paar Tage vorher passiert war, und wollte ihn in Zugzwang bringen. »Und wie läuft es gerade bei *uns?*«, fragte ich. Um dafür zu sorgen, dass ich die Frage auf positive und einladende Weise stellte, fügte ich netterweise hinzu: »Gibt es irgendetwas, worauf wir achten sollten?«

Natürlich hatte er Angst, etwas übersehen zu haben, worauf ich mich jetzt stürzen würde. Er sah mich hoffnungsvoll an, als würde er erwarten, dass ich ihm auf die Sprünge half, aber ich blieb einfach mäuschenstill sitzen. Worauf er endgültig ins Schwitzen kam. »Oje, da ist *wirklich* was im Busch«, schien er zu denken.

Nach einem Moment trat ein schelmischer Ausdruck auf sein Gesicht. Er zog sein Handy aus der Tasche, tippte aufs Display und sagte: »Siri, wie reagiert man, wenn die eigene Frau einen fragt: ›Wie läuft es bei uns?‹?« Innerhalb kürzester Zeit bekam er eine Antwort – ungelogen! Siri teilte ihm mit: »Du sagst: ›Ich bin okay, du bist okay, und dies ist die beste aller möglichen Welten.‹« Was konnte ich da noch tun? Wir brachen in Lachen aus und machten dann einen Spaziergang.

Sobald wir das Haus verlassen hatten, musste ich zugeben, dass ich nachtragend gewesen war und eine passiv-aggressive Strategie angewendet hatte. Das war nicht gut gemeint gewesen, denn ich hatte Jonathan in Verlegenheit bringen wollen. Indem ich das jetzt offen aussprach und das Muster benannte, konnten wir beide einen neuen Weg einschlagen. Dadurch sind wir in der Lage, uns mit mehr Vertrauen und gemeinsamer Bereitschaft anzuschauen, was zwischen uns auftaucht. Und egal, ob wir uns um etwas in unserer Beziehung kümmern müssen oder nicht, wir wissen, dass wir auf Siri zählen können, falls wir mal stecken bleiben.

BETRACHTUNG Wenn Sie sich über einen geliebten Menschen ärgern, denken Sie dann daran, Siri um Hilfe zu bitten?

Was man regelmäßig tut, wird stärker

Wenn wir uns regelmäßig zwanghaft Sorgen machen oder anderen die Schuld an allem zuschieben, verwurzelt sich dieses Muster in Körper und Geist. Es wird uns vertraut und hält uns in einer beschränkten, engen und gefährdeten Selbstwahrnehmung gefangen.

Wenn unser Denken jedoch von Dankbarkeit, Neugier und Fürsorglichkeit geprägt ist, wird unser Selbst durchlässig, sodass unsere Herzensgüte leicht hindurchscheinen kann.

Sie können wählen, was Sie regelmäßig tun. Warum sollten Sie sich nicht entscheiden, das Gute zu fördern und das Gold aufleuchten zu lassen?

Wirklich, aber nicht wahr

Von dem tibetischen Lehrer Tsoknyi Rinpoche stammt ein einfacher Satz, der als befreiender Merkspruch dienen kann: »Wirklich, aber nicht wahr.« Gemeint ist damit, dass die Gedanken und Gefühle, die wir wahrnehmen, zwar wirklich sind – sie sind tatsächlich vorhanden –, dass ihre Botschaften und unsere Interpretationen aber nicht die Wahrheit an sich darstellen. Bestenfalls sind unsere Gedanken und Deutungen nützliche Darstellungen der Realität. Weil sie jedoch oft angstbesetzt sind, können sie ein verzerrtes Bild darstellen, das Leiden hervorruft.

Aus diesem Grund ist »wirklich, aber nicht wahr« zu einem wertvollen Werkzeug für mich und viele der Menschen geworden, mit denen ich arbeite. Wenn ich in eine unangenehme Stimmung gerate, frage ich mich: »Was glaube ich gerade?« Normalerweise stelle ich fest, dass ich mich in das Gefühl verstrickt habe, unzulänglich zu sein und zu versagen. Dann erinnere ich mich daran: Wirklich, aber nicht wahr. Ja, diese Gedanken und Gefühle sind wirklich vorhanden, aber ist es tatsächlich wahr, dass etwas mit mir nicht stimmt? Allein schon die Frage – »Ist das wirklich die Wahrheit? Oder könnte das zwar wirklich, aber nicht wahr sein?« – erschüttert jede feste Vorstellung. Es gibt weitere Optionen; ich muss nicht an irgendwelche Vorstellungen glauben. Wenn ich mich an dieses Mantra erinnere, entsteht gerade genug Raum um die engen, angstvollen Gedanken herum, damit ich den Weg zurück zur Präsenz finden kann.

Heilige Präsenz

Einmal sollte ich einen Vortrag über »heilige Präsenz« und Multitasking halten. Es ging darum, dass wir, wenn wir unsere Aufmerksamkeit aufteilen, nicht in der Lage sind, das Geheimnis und die Schönheit dessen wahrzunehmen, was hier und jetzt vorhanden ist.

Als ich am Morgen des Vortrags unter der Dusche stand, dachte ich darüber nach, was ich über dieses Thema sagen sollte. Da wurde mir urplötzlich klar, dass ich mir Rasiercreme in die Haare schmierte. So viel zu meiner heiligen Präsenz! »Na gut«, dachte ich, »das werde ich jedenfalls niemand erzählen.« Tja, hat wohl nicht geklappt …

Jeden Tag, was immer auch geschieht

In den zwölf Jahren, die ich in einem Ashram lebte, war die tägliche Meditationspraxis eine Selbstverständlichkeit. Sie gehörte zum Rhythmus meines Lebens, und ich wurde unterstützt durch einen regelmäßigen Tagesablauf und andere Menschen, mit denen ich praktizierte. Nachdem ich den Ashram verlassen hatte, war das nicht mehr ganz so einfach, aber eine Weile setzte ich mich trotzdem täglich zur Meditation hin.

Dann wurde mein Sohn Narayan geboren. Ein berechenbarer Tagesablauf gehörte der Vergangenheit an. Ich war erschöpft von den Bedürfnissen, die ein Säugling hat. Es war schon schwierig, Zeit zum Duschen zu finden, geschweige denn dafür, mich ungestört in der Stille hinzusetzen.

Nach einer Nacht, in der ich wie üblich zu wenig Schlaf bekommen hatte, stellte ich morgens fest, dass Narayans Vater bei seinem Ausflug zum Supermarkt etwas vergessen hatte, was wir brauchten. Ich blaffte ihn an, weil es mich schlicht überforderte, mich um noch etwas Weiteres kümmern zu müssen. »Vielleicht möchtest du dir etwas Zeit zum Meditieren nehmen«, schlug er mir daraufhin vor. Sofort übergab ich ihm das Baby und floh zu meinem kleinen Altar. Sobald ich mich davorgesetzt hatte, brach ich in Tränen aus. Ich hatte es so vermisst, mich einfach einige Momente hinzusetzen, um mich zu besinnen. Wie der Dichter Rumi es ausdrückt, hatte ich es versäumt, mich regelmäßig selbst zu besuchen.

Während ich dasaß und atmete, einfach nur da war, das Sonnenlicht durchs Fenster strömen spürte und hörte, wie mein Mann leise mit Narayan redete, versprach ich mir etwas: Was immer auch geschieht, ich werde jeden Tag Zeit finden, ruhig bei dem zu sein, was sich gerade in mir abspielt. Egal, wo und wann und wie lange, egal, ob im Sitzen oder Stehen, nur eben an jedem Tag.

Dieses Versprechen habe ich gehalten. Inzwischen meditiere ich normalerweise morgens dreißig bis fünfundvierzig Minuten und setze mich abends noch einmal kürzer hin. Als Narayan klein war, war es allerdings schwer, irgendwann während des Tages mehr als einige Momente Zeit zu finden. Manchmal setzte ich mich direkt vor dem Schlafengehen drei Minuten auf die Bettkante und nahm wahr, wie die Empfindungen und Gefühle mich durchströmten. Aber das zählte schon; es bewirkte etwas.

»Jeden Tag, was immer auch geschieht« ist ein Geschenk an unsere Seele, ein Geschenk des Erinnerns. Das hat der Zen-Meister Suzuki Roshi so ausgedrückt: »Das Wichtigste ist es, sich an das Wichtigste zu erinnern.« Jeden Tag. Die tägliche Pause, in der wir einfach nur da sind, baut auf sich selbst auf und erzeugt eine Schwerkraft, die uns immer mehr dazu bringt, in allen Momenten unseres Lebens ganz präsent zu sein.

Liebe

Jede Heilung beginnt damit, dass wir auch die schmerzhaftesten und schamvollsten Teile unserer inneren Erfahrung annehmen. Mitgefühl für uns selbst führt unwillkürlich dazu, dass auch andere Lebewesen uns etwas bedeuten, und entfaltet sich schließlich zu einer bedingungslosen, alles umfassenden Liebe zum Leben, die wir nie für möglich gehalten hätten.

Die Liebe liebt dich immer

Ein spiritueller Lehrer hat einmal etwas gesagt, was mir jahrelang im Kopf herumgegangen ist: »Liebe bedeutet immer, sich selbst zu lieben.« Das hat mich zwar sofort angesprochen, aber mein Verständnis war anfangs eher intellektueller Art. Zur gelebten Erfahrung wurde es erst, als ich in ein tiefes Loch fiel.

Nach einer ziemlich hektischen Weihnachtszeit war ich wie jedes Jahr zu einem Winter-Retreat in Neuengland gefahren, wo ich mich erst einmal entspannen musste. Um das zustande zu bringen, musste ich mich einigen Verhaltensmustern stellen, die in den Tagen im Familienkreis zum Vorschein gekommen waren, darunter Ichbezogenheit, mangelnde Sensibilität und Kontrollbedürfnis. Sobald ich mich innerlich beruhigt hatte, meldete sich daher das hartnäckige Gefühl, ich sei eine »schlechte Person«. Es war der ausgesprochen vertraute Eindruck, ein zentraler Teil von mir sei mit Mängeln behaftet. Diesmal schien mein kritisches Ich besonders harsch zu sein.

Als ich in die Körperempfindungen und den Schmerz dieser Gefühle hineinspürte, kam ich in Kontakt mit einer jüngeren Version von mir, die zutiefst unsicher und von Selbsthass erfüllt war. Ich versuchte, diesem verletzlichen Aspekt Mitgefühl entgegenzubringen, doch das klappte nicht. Ich versuchte, mich mit allen Methoden, die ich kannte, an meine Herzensgüte zu erinnern, aber der junge Teil von mir beharrte auf seinem Standpunkt:

»Mit mir ist wirklich etwas nicht in Ordnung; ich kann mich nicht ändern, und es ist nicht richtig, so zu sein, wie ich es bin.« Verzweifelt brach ich in Tränen aus und versank hilflos in der Überzeugung, ich sei absolut nicht liebenswert.

Als ich mich dem verzweifelten Teil vollständig öffnete, spürte ich, wie ich um Hilfe bat. Spontan tauchten Worte auf: »Bitte hab mich lieb.« Es war ein Flüstern, das aus einem gebrochenen Herzen und einer tiefen, tiefen Sehnsucht kam. »Bitte hab mich lieb«, flüsterte ich wieder und wieder.

Etwas in mir wusste, was ich brauchte; es wusste, wie die Quelle von Liebe sein und wie es sich anfühlen würde, geliebt zu werden. Mein Flüstern weckte etwas Leuchtendes, Warmes und Vertrautes, von dem ich mich umgeben fühlte. Es sah mich voll und ganz und es brachte mir Fürsorge entgegen. Dann umfing eine Erkenntnis jeden Teil meines Wesens: »Die Liebe liebt dich immer.« Als ich mich dem öffnete, spürte ich tatsächlich einen segnenden Kuss auf der Stirn. Und damit war das kleine, enge Selbst, das sich nicht liebenswert gefühlt hatte, mit einem Mal von einer Liebe umhüllt, in der sich jeder Eindruck des Getrenntseins auflöste. Ich verschmolz mit dem Licht, das mich umgab und erfüllte, wurde eins damit. Dann war da nur noch ein weites Feld aus liebevoller Präsenz, das den sich ständig verändernden Strom von Körperempfindungen, Gefühlen und Geräuschen wahrnahm und zärtlich umfing.

Dieser Zugang zu einer liebevollen Bewusstheit durchzieht noch immer meine Metta-Praxis. Nachdem ich still einige Minuten dagesessen habe, nehme ich Kontakt zu dem lichterfüllten, vertrauten, zärtlichen Gewahrsein auf, das selbst dann wahrhaft vorhanden ist, wenn ich es vergessen habe. Ich stelle mir vor und spüre, dass ich gesegnet werde – manchmal geschieht das mit einer Berührung oder einem Kuss auf die Stirn –, und dann bin ich von Liebe umgeben und löse mich darin auf. In diesem Herzraum denke ich an andere und schenke ihnen denselben fürsorglichen Segen. Dadurch wird das Feld des liebevollen Gewahrseins noch grenzenloser, zärtlicher und lebendiger.

Uns selbst lieben und heilen

Obwohl ich seit Jahren Mitgefühl für uns selbst lehre und darüber schreibe, wende ich mich manchmal immer noch gegen mich selbst, vor allem, wenn ich gestresst bin. Einmal fiel mir inmitten eines arbeitsreichen Tages auf, dass ich in einer düsteren, humorlosen, schlechten Stimmung war. Als ich überlegte, was dafür verantwortlich war, wurde mir klar, dass ich mich die ganze Zeit in einer kämpferischen Haltung befunden hatte. Ich hatte Vertragsverhandlungen geführt, mit einem Kapitel für ein neues Buch gerungen und die Mitglieder eines Gremiums zu einem Kurswechsel gedrängt. Jetzt verurteilte meine innere Richterin mein verkrampftes, gereiztes, kampflustiges Selbst: »Warum muss ich nur so sein? Was ist eigentlich verkehrt mit mir?« Ich fühlte mich abgetrennt, im Konflikt mit der Welt und mit mir selbst.

Es war eben dieser Schmerz, mich unzulänglich und abgetrennt zu fühlen, der mich auf den spirituellen Weg gebracht hat, und er erinnert mich weiter daran, präsent zu werden und mein Herz weich zu machen. Wenn ich in schmerzhaften Emotionen stecken bleibe, bringt mich das immer wieder zurück zu einer Einsicht, die mein Leben entscheidend verändert hat: Wir müssen Mitgefühl für uns selbst haben, wenn wir heimkehren wollen. Wir müssen uns selbst lieben, um uns zu heilen.

An jenem hektischen Tag, an dem ich mich derart selbst verurteilte, setzte ich mich ruhig einige Minuten hin und erinnerte mich: »Bitte sei freundlich zu dir.«

Wenn meine Emotionen stark sind, besteht mein erster Schritt hin zur Freundlichkeit normalerweise darin, innezuhalten, mich den vorhandenen Gefühlen zu öffnen und mir zu sagen: »Das gehört dazu.« Damals hat es mir geholfen, mir klarzumachen, dass nichts verkehrt daran war, mich gereizt, nervös und aggressiv zu fühlen. Solche Emotionen sind unsere limbischen Kräfte, die primitiven Methoden unseres Überlebensgehirns, uns zu schützen und unser Wohlergehen zu fördern. Selbst ein harsches Selbsturteil verfolgt im Grunde eine gute Absicht, weil es den Versuch darstellt, uns so zu verbessern, dass wir liebens- und anerkennenswerter werden.

Diese Gefühle als primitive Formen von Selbstliebe zu betrachten, hat mir geholfen, sie als Teil meines Menschseins zu akzeptieren – und diese Akzeptanz war der Anfang dafür, mich selbst zu lieben, um mich zu heilen.

Eine alles zulassende Präsenz ist die Basis von Liebe selbst. Wenn wir den Schmerz unserer limbischen Kräfte mit zärtlichem Herzen umfangen, kommt es zu einer tiefen, heilsamen Veränderung. Die Identifikation mit einem wütenden, verurteilenden, unzulänglichen Selbst löst sich auf. Während Emotionen und Geschichten kommen und gehen, bleibt dieses liebevolle Gewahrsein die Wahrheit dessen, wer wir sind. Jeder Moment, in dem wir uns daran erinnern, ist ein Moment der wahren Freiheit.

BETRACHTUNG Wenn Sie feststellen, dass Sie sich hartnäckig selbst verurteilen, können Sie einige Momente innehalten und aufrichtig wahrnehmen, dass Sie an der Überzeugung leiden, irgendwie »verkehrt« zu sein. Wo spüren Sie dieses Leiden im Körper? Wie drückt es sich in Ihrem Denken aus? Wenden Sie sich den schmerzhaften Gefühlen dann mit einer freundlichen, verständnisvollen Geste zu, indem Sie sich zum Beispiel die Hand aufs Herz legen und sanft zuflüstern: »Bitte vertrau deinem Herzen« oder »Bitte sei freundlich zu dir«. Nehmen Sie wahr, was geschieht, wenn Sie die Absicht haben, sich zu heilen, indem Sie sich selbst Liebe entgegenbringen.

Indem wir dem Schmerz mit einer zärtlichen Präsenz begegnen, verwandeln wir unsere Wunden und Verluste in kraftvolle Gnade.

Die Grenze unserer Freiheit

Bei meinem ersten zehntägigen Meditationsretreat hatte ich viele Gelegenheiten, einen genauen Blick auf schmerzhafte Emotionen und einschränkende Überzeugungen zu werfen. Mein Kopf bombardierte mich geradezu mit Selbstkritik, von Kleinlichkeiten wie der Tatsache, dass ich keine bequeme Hose eingepackt hatte, bis hin zu meinem allgemeinen Versagen als Mutter, sodass ich mich in einem unzulänglichen, abgetrennten Selbst eingesperrt fühlte. Daraufhin wurde mir klar: Im Krieg mit mir selbst zu sein, schnitt mich von meinem Herzen ab und verlängerte mein Leiden.

Ich nahm mir vor, die tiefer liegenden Gefühle von Beklemmung, Angst, Wut und Scham zu akzeptieren, statt sie von mir wegzuschieben. Anfangs dauerten die kostbaren Momente von bedingungsloser Akzeptanz nicht besonders lange an, aber ich entdeckte darin immer, dass mein Herz offen, liebevoll und frei war. Selbst wenn Gedanken über jene Teile von mir, die ich nicht mochte, weiterhin auftauchten, behandelte ich sie mit Mitgefühl, wodurch Raum für Unvollkommenheit entstand. Zu meinem Mantra wurde: »Die Grenze dessen, was ich akzeptieren kann, ist die Grenze meiner Freiheit.«

Natürlich waren meine negativen Urteile nicht auf meine eigene Person beschränkt. Ich ärgerte mich über mir nahestehende Leute, die sich nicht so um sich kümmerten, wie sie es meiner Meinung nach hätten tun sollen. Ich verfing mich in Urteilen über Personen, die Macht hatten und Leiden für verletzliche Menschen schufen. Aber jedes Mal, wenn solche Gedanken auftauchten, erinnerte ich mich daran, dass eine grenzenlose Akzeptanz bedeutete, alle Wesen in meinem Herzen einzuschließen. Wenn ich irgendjemand von mir wegschob, spürte ich, wie eine Wand entstand, die ein kleines, abgetrenntes Selbst von anderen Menschen, von der Welt und von innerer Freiheit abschottete.

Wenn ich meine Aufmerksamkeit davon abwende, mich selbst und andere zu verurteilen, und stattdessen mein Herz für die Verletzlichkeit öffne, die uns allen gemein ist, dann wird diese Wand durchlässiger. Während ich dieser Verletzlichkeit Mitgefühl entgegenbringe, strömen das Licht und die Wärme meines Herzens ungehindert hervor. Rumi drückt das so aus: »Der Schmerz, den wir annehmen, wird zu Freude. Nimm ihn in die Arme, wo er sich verändern kann.«

BETRACHTUNG Setzen Sie sich drei Minuten mit der schlichten Absicht hin, alle Erfahrungen zu akzeptieren, die in Ihnen auftauchen – die sich verändernden Gedanken, Gefühle, Körperempfindungen, Geräusche. Spüren Sie dabei in sich hinein, was Ihnen das über Ihr Herz und Ihr Dasein sagt. Wer sind Sie in den Momenten, in denen Sie das Leben bedingungslos annehmen?

Wenn wir uns von einer liebevollen Präsenz umfangen fühlen, von etwas Größerem als unserem kleinen, angstvollen Selbst, finden wir in unserem Herzen Raum für die Bruchstücke unseres Lebens und für das Leben von anderen. Das Leiden, das uns zu groß vorgekommen ist, kann in uns die Wärme des Mitgefühls wecken.

Uns selbst treu sein

Von einer Hospizbetreuerin, die den letzten Gedanken vieler Sterbender gelauscht hat, stammt ein Bericht, der mir jahrelang im Sinn geblieben ist. Darin schrieb sie, das größte Bedauern, das sie von Menschen am Ende ihres Lebens gehört habe, sei: »Ich wünschte, ich hätte den Mut gehabt, mir im Leben selbst treu zu sein.«

Als ich das las, dachte ich, dass nicht nur Sterbende das bedauern. Viele Leute empfinden eine grundlegende Enttäuschung darüber, wie sie ihr Leben führen. Daraufhin begann ich, mir die Frage zu stellen: »Lebe ich heute so, dass ich mir treu bin? Jetzt, in diesem Augenblick?« Diese Erkundung war so aufschlussreich und wertvoll, dass ich sie jetzt in meinen Meditationsveranstaltungen vermittle. »Habt ihr den Eindruck, dass euer Leben nach dem ausgerichtet ist, was euch in eurem Herzen etwas bedeutet?«, frage ich dann. »Lebt ihr so, dass ihr euch treu seid?«

Immer, wenn wir das gemeinsam erforschen, bekomme ich Antworten zu hören wie: »Mir selbst treu zu sein, bedeutet, dass ich liebevoll, präsent und authentisch bin.« Manche sagen auch, es bedeute, großzügig zu sein und Menschen in Not zu unterstützen. Anderen geht es darum, ihre Kreativität auszudrücken, an ihren eigenen Wert zu glauben oder eine Arbeit zu haben, die sie lieben. Manche sprechen davon, sie wollten den Mut haben, zu vergeben und in schwierigen Beziehungen Versöhnung zu finden oder etwas zu tun, was ihnen Angst mache, aber wichtig sei, um etwas Positives in der Welt zu bewirken.

Oft jedoch sind in der Tiefe Selbstzweifel und Unsicherheit vorhanden. Viele Leute sagen mir, sie würden ihre Bestrebungen regelmäßig aus dem Blick verlieren und sich dann in Selbstkritik und suchtartige Verhaltensweisen verstricken. Sie würden auf Autopilot schalten oder in schmerzhaften alten Gewohnheiten stecken bleiben, die jede Nähe zu anderen verhinderten. »Jeden Tag entsteht eine Kluft zwischen meinem Potenzial und dem, wie ich lebe«, erklärte mir jemand. »Dadurch habe ich das Gefühl, ich würde immer irgendwie versagen.«

Auch ich bemerke täglich immer wieder diese Kluft zwischen meiner Absicht, aus einem liebevollen Gewahrsein heraus zu leben, und der Selbstbezogenheit meines Denkens und Handelns. Jahrelang hat mein negatives Urteil über mich selbst etwas gefördert, was ich jetzt als »Trance der Wertlosigkeit« bezeichne, die Überzeugung, ich wäre unzulänglich. Es ist jedoch möglich, diese Trance zu durchbrechen. Wenn mir jetzt bewusst wird, dass ich den Kontakt mit meiner Absicht verloren habe, freundlich und aufgeschlossen mit anderen umzugehen, übe ich mich nicht mehr in Selbstkritik, sondern bin dankbar dafür, dass mir das aufgefallen ist. Dann stelle ich mir Fragen wie: »Lebe ich jetzt im Moment aus der Liebe heraus?« Das erinnert mich daran, was möglich ist, und bringt mich in Einklang mit meinem wahren Wesen.

Die Sehnsucht, so zu leben, dass wir uns treu sind, ist ein natürlicher, wunderbarer Ruf unseres reinsten und liebevollsten Herzens. Wenn wir uns selbst abwerten, entfernt uns das nur von der Tatsache, dass wir von Grund auf gut sind. Uns treu zu sein, erfordert Mut, der damit beginnt, dass wir unsere innere Erfahrung mit Mitgefühl umfangen. Das macht uns frei dazu, dem ganzen Leben unser Licht und unsere Liebe entgegenzubringen.

Inmitten unseres tiefsten emotionalen Leidens
ist Mitgefühl für uns selbst der Weg,
der uns nach Hause führen wird.

Bitte, möge ich freundlich sein

Einen meiner liebsten Sprüche habe ich in meinem Arbeitszimmer an die Wand geheftet: »Um freundlich zu sein, musst du regelmäßig von deinem Weg abweichen.« Ich brauche diese Erinnerung. Wenn ich in meinem Beschäftigtsein versinke, wenn ich versuche, alles zu erledigen, und auf dem Weg irgendwo anders hin bin, dann bin ich wie so viele Menschen nicht besonders empfänglich für die Gelegenheiten, freundlich zu sein. Meine Aufmerksamkeit ist zielorientiert, und mein Herz kann eng werden.

Eine am Theologischen Seminar von Princeton durchgeführte psychologische Studie hat gezeigt, wie eine solche enge Selbstbezogenheit uns daran hindern kann, unserer Umgebung mit Mitgefühl zu begegnen. Konkret erforscht wurde, welche Wirkung Zeitdruck auf Hilfsbereitschaft hatte. Die Versuchsteilnehmer, eine Gruppe von Theologiestudenten, erhielten den Auftrag, über den Campus zu einem Seminarraum zu gehen, um dort ein Referat über das biblische Gleichnis vom barmherzigen Samariter zu halten. In dieser Geschichte geht es darum, dass zwei religiöse Würdenträger achtlos an einem auf der Straße liegenden Mann vorübergehen, der Hilfe braucht. Als Einziger hilft schließlich jemand, der als gesellschaftlicher Außenseiter gilt.

Einige der Studenten bekamen mitgeteilt, sie hätten vor Beginn der Veranstaltung nur wenige Minuten, um den Seminarraum zu erreichen, anderen sagte man, sie bräuchten sich nicht beeilen, um rechtzeitig anzukommen. Anschließend wurden sie nacheinander auf den Weg geschickt, wobei sie an einem Mann vorüberkamen, der im Auftrag des Forschungsteams hustend auf dem Boden hockte und offensichtlich Hilfe brauchte. Obwohl alle unterwegs waren, um ein Referat über den barmherzigen Samariter zu halten, stoppten nur zehn Prozent der unter Zeitdruck stehenden Studenten, um Hilfe anzubieten. Hingegen taten das dreiundsechzig Prozent – also weit mehr als die Hälfte – der Teilnehmer, die Zeit hatten.

Von dieser Studie erzähle ich oft, weil unsere Welt es dringend nötig hat, dass wir uns umeinander kümmern. Dennoch fällt es uns nicht gerade leicht, vom gewohnten Weg abzuweichen. Wenn wir auf unsere eigenen Sorgen und unseren Stress fixiert sind, geraten wir oft in eine regelrechte Trance, durch die unsere angeborene Sensibilität und unser Mitgefühl verdeckt werden.

Im Lauf der Jahre habe ich eine tägliche Praxis gefunden, die mir hilft, mein Herz aus dieser zielorientierten Trance zu wecken. Jeden Morgen bitte ich am Ende meiner Meditation darum, mich den Tag über daran zu erinnern, freundlich zu sein. Ich flüstere einfach »Bitte, möge ich freundlich sein«, und außerdem überlege ich oft, welchen Menschen ich an diesem Tag begegnen werde, damit ich mich dann daran halte. Am Ende des Tages lasse ich mir durch den Kopf gehen, ob ich auf andere Menschen mit einem offenen Herzen zugegangen bin. Wenn das der Fall war, freue ich mich, und wenn mir klar wird, dass ich es manchmal nicht geschafft habe, freundlich zu sein, akzeptiere ich das mit Mitgefühl und bin dankbar dafür, dass ich es bemerkt habe. Dadurch kann ich die Entschlossenheit vertiefen, dass mein Herz weiterhin erwachen möge.

BETRACHTUNG Erinnern Sie sich an Situationen in der vergangenen Woche, in denen Sie von Ihrem Weg abgewichen sind, um freundlich zu sein? Und an Situationen, in denen Sie sich *gewünscht* hätten, das zu tun? Vielleicht wollen Sie sich jeden Morgen fragen: »Wie kann ich mich heute daran erinnern, freundlich zu sein?« Lassen Sie dann an jedem Abend den vergangenen Tag mit Mitgefühl für sich selbst Revue passieren, um das Erwachen Ihres Herzens zu unterstützen.

Narayans Ameisenfarm

Als mein Sohn Narayan sechs wurde, schenkte ich ihm zum Geburtstag etwas, um sein Interesse an der Welt der Natur zu fördern. Es war eine Ameisenfarm, ein Terrarium, in dem man die Aktivitäten lebender Ameisen beobachten konnte. Fasziniert tat Narayan das stundenlang. Mehreren Tierchen gab er Namen und verfolgte ihre Bemühungen, während sie hin und her eilten, ein Netz von Tunneln buddelten und Nahrung wegschleppten, um sie einzulagern. Es wurde zum Teil unseres täglichen Rituals, gemeinsam das Geschehen in der Farm zu beobachten.

Einige Wochen später kam Narayan ganz aufgebracht von der Schule heim. Auf dem Spielplatz hatten einige Kinder sich einen Spaß daraus gemacht, auf Ameisen zu treten. Er war entsetzt, dass sie Artgenossen der erstaunlichen Kreaturen, die er zu Hause beobachtete und bewunderte, wehgetan oder sogar getötet hatten.

Wir setzten uns zusammen hin, und ich nahm ihn in die Arme, während ich ihm erklärte, dass seine Freunde keine Ameisenfarm besäßen und daher nicht wie er die Chance hätten zu erfahren, wie Ameisen wirklich sind. Wenn wir einem Lebewesen Aufmerksamkeit schenken, sagte ich, dann sehen wir, wie es sich bewegt, mit seinen Gefährten umgeht, dass es hungrig ist und wonach es sucht. Wir stellen fest, dass solche Wesen real sind und dass sie genau wie wir am Leben bleiben wollen. Wenn seine Klassenkameraden sich wirklich einmal richtig mit

Ameisen beschäftigen würden, dann würden sie ihnen bestimmt nicht mehr wehtun. Worauf Narayan, der mir gespannt zugehört hatte, mich ansah und sagte: »Ich will, dass die mich alle mal besuchen, damit sie meine Ameisen kennenlernen können.«

Der große spirituelle Lehrer Jiddu Krishnamurti hat gesagt, wenn wir einer Sache wirklich Aufmerksamkeit schenken würden, dann würden wir Liebe ausdrücken. Wenn wir innehalten und ganz bei irgendeinem Teil dieser lebendigen Welt sind – bei der Person, mit der wir gerade zusammen sind, bei dem Baum in unserem Garten, bei einem Eichhörnchen, das auf einem Ast hockt –, wird unser Herz geöffnet und vom Leben berührt. Mit liebevoller Aufmerksamkeit wird die Lebensenergie, die uns umgibt, zu einem vertrauten Teil dessen, wer wir sind.

Wir sind Freunde

Bei meinem Morgenspaziergang wandere ich meist am nahen Potomac River entlang. Am seichten Ufer versammeln sich dort Enten und Gänse, und ich sehe oft still zu, während sie langsam herumpaddeln, nach Nahrung tauchen und einander Gesellschaft leisten. Jeder Vogel hat eine eigene Persönlichkeit, und wenn sie Paare bilden, ist eine klare Bindung und Loyalität erkennbar. Besonderen Spaß macht es, im Frühling zu beobachten, wie die Kleinen unter den wachsamen Augen der Eltern die für sie neue Welt erkunden.

Als ich einmal im Spätherbst am Fluss entlangging, hörte ich ein Stück weiter Schüsse hallen. Während Schockwellen durch meinen Körper liefen, wurde mir klar, dass das Jäger waren, die auf Wasservögel schossen. Ich wurde überflutet von dem Gegensatz zwischen der Unschuld und Machtlosigkeit der Tiere und dem Schrecken, dass gerade ihr Leben vernichtet wurde. Die Enten und Gänse waren meine Freunde geworden. Dies war ihr Zuhause, und jetzt wurden sie getötet, wahrscheinlich bei einer Freizeitjagd. Mir kamen die Tränen, als ich mir die Verwirrung und Furcht dieser wunderschönen Kreaturen und ihre Trauer um den Verlust ihrer Gefährten vorstellte. Mit Herz und Kopf empörte ich mich gegen diese Gewalttat – diese Wesen waren real, sie hatten Gefühle, sie waren meine Freunde!

Während ich auf dem Pfad am Fluss nach Hause ging, dachte ich über das Gefühl der Freundschaft nach, die ich für so viele Lebewesen empfand. Neben mir trottete k. d., mein Hund. Mein Freund. In der Nähe flatterten zwei Rotkardinäle im Gesträuch. Meine Freunde. Als ich an einer gewaltigen Platane vorüberkam, die über den Fluss hing, blieb ich stehen und flüsterte: »Auch du bist meine Freundin.« Indem ich das bestätigte, wusste ich, dass es wahr war. Ich dachte an die vielen Tiere auf der ganzen Welt – Schweine, Hühner, Rinder und andere –, die nur als menschliche Nahrung galten und deren Leben kurz, unnatürlich und qualvoll war. Auch sie, dachte ich traurig, sind meine Freunde. Egal, welches Wesen mir in den Sinn kam, menschlich oder nicht menschlich, mein Herz sagte: »Wir sind Freunde.« Jedes Wesen war wichtig, war wertvoll, war ein Teil von mir.

Zu dem Kummer, der mich noch immer durchströmte, gesellte sich das wohltuende Gefühl, zu einer Welt von Lebewesen zu gehören, die nicht unserem Vergnügen oder als unsere Nahrung dienen, sondern wie wir ein Bewusstsein und Gefühle haben. Während ich mich diesem gemeinsamen Lebendigsein und Fühlen öffnete, erkannte ich voll Freude: *Ich bin nie allein.* Bin in keiner Weise von der Gesamtheit allen Lebens getrennt. Mit dem Wissen, dass wir Freunde waren, hatten sich unsichtbare Verbindungen gebildet, und ich spürte den Frieden, im Leben selbst eingebettet zu sein.

BETRACHTUNG Für Ihren nächsten Spaziergang schlage ich Ihnen ein Experiment vor. Wenn ein Lebewesen Ihre Aufmerksamkeit auf sich zieht – ein Hund, ein Eichhörnchen, ein Vogel, ein Baum, ein Insekt –, halten Sie inne und sagen sanft und aufrichtig zu sich: »Wir sind Freunde.« Nehmen Sie wahr, ob Ihr Herz sich für die Wahrheit Ihres Verbundenseins öffnet.

Ehrfurcht vor dem Leben

Es war Frühling, als ich einmal in den Blue Ridge Mountains ein Retreat leitete. Das Meditationszentrum befand sich in der Nähe eines Milchbetriebs. In der Stille unserer frühmorgendlichen Zusammenkünfte konnten wir deutlich das qualvolle Muhen der Kühe hören. Als ich die Mitarbeiter des Zentrums fragte, weshalb die Kühe sich so verhielten, erfuhr ich, dass in der Milchwirtschaft üblicherweise die Kälber von ihren Müttern getrennt werden, meist unmittelbar nach der Geburt. Dadurch kann die für das Kalb bestimmte Milch dem menschlichen Konsum dienen, und außerdem ist die Kuh bereit für ihren nächsten Schwangerschaftszyklus. Da ich wusste, dass alle Säugetiere eine tiefe Mutter-Kind-Bindung haben, begriff ich gut, weshalb Kühe monatelang um ihre Kälber trauern.

Während ich jeden Morgen den rufenden Müttern lauschte, stellte ich mir den schrecklichen Trennungsschmerz vor, den sie und ihre Kinder durchlebten. Anderen Leuten im Retreat ging es ähnlich. Deshalb beschlossen wir, die Kühe und Kälber in unsere Herzmeditationen am Nachmittag einzuschließen. Nachdem wir durch Konzentration auf den Atem einen ruhigen inneren Zustand hergestellt hatten, erinnerten wir uns zuerst an unsere eigenen Verletzungen, Ängste und Verluste und schenkten uns selbst Mitgefühl. Dann öffneten wir unser Herz und unser Gewahrsein für andere, die an Schmerzen litten und es schwer hatten, darunter auch die Kühe und

Kälber in unserer Nähe. Während wir mitfühlend ihren Schmerz und ihren Verlust spürten, wünschten wir ihnen, frei von Leiden zu sein.

In der heutigen Welt sind wir darauf konditioniert, manchen Wesen mehr Wertschätzung entgegenzubringen als anderen, und auf jeden Fall halten wir das menschliche Tier für wertvoller als das nicht menschliche. Diese Hierarchie spaltet uns jedoch von dem lebendigen Gewebe des Lebens ab, sie macht unsere Herzen eng und betäubt sie. Zum Bewusstsein unserer gegenseitigen Verbundenheit erwachen wir, indem wir die Verletzlichkeit aller Wesen ebenso wahrnehmen wie unsere gemeinsame Empfindung, gern am Leben zu sein. Wir sind aus denselben Elementen erschaffen, stammen alle aus demselben geheimnisvollen Ursprung. Wenn wir diese gemeinsame Zugehörigkeit erkennen, erwachen in unserem Herz Fürsorglichkeit und Respekt für alle Lebewesen.

Das wiederum kann eine einschneidende Wirkung darauf haben, wie wir unser Leben führen. Weil ihnen das gewaltige Leiden durch die Massentierhaltung bewusst geworden ist, entscheiden sich immer mehr Menschen, darunter ich, für eine rein pflanzliche Ernährung. Außerdem hat der Zusammenhang zwischen Fleischverzehr und der globalen Erwärmung vielen von uns klargemacht, dass eine solche Ernährung auch einen entscheidenden Faktor für die Heilung unserer Erde darstellt. Dass ich mir in meinem eigenen Leben immer bewusst bin, weshalb ich keine Tiere und deren Produkte esse, und zugleich Dankbarkeit für die von mir verzehrten Pflanzen empfinde, vermittelt mir ein tiefes, heilendes Gefühl der Zugehörigkeit zu unserer kostbaren Welt.

BETRACHTUNG Fühlen Sie sich mit bestimmten Tieren, die auf irgendeine Weise bedroht sind oder leiden, besonders verbunden? Vielleicht sind das ins Tierheim abgeschobene Hunde, zum Schlachten gezüchtete Tiere, durch Wilderer und den Rückgang ihres Lebensraums bedrohte Gorillas oder Elefanten. Lassen Sie sich tief darauf ein, indem Sie sich vorstellen, wie das Leben für diese Tiere ist. Spüren Sie, dass sie ihr Leben vollständig und frei führen wollen, genau wie Sie selbst. Sprechen Sie dann ein von Herzen kommendes Gebet, dass es diesen Tieren besser gehen möge.

Geborgen im Gefühl, mit anderen zusammenzugehören,
können wir den friedvollen Zufluchtsort entdecken,
der in unserem eigenen Dasein existiert.

Unsere geheime Schönheit

Wenn ich eine Metta-Meditation – die Meditation der liebenden Güte – anleite, bleiben die Teilnehmenden manchmal nachher eine Weile da und erzählen mir, wie heilsam es war, über das Gute in ihnen nahestehenden Menschen nachzudenken. Nach einer solchen Stunde war ich so bewegt von dem, was ich gehört hatte, dass ich meinen Freundeskreis auf Facebook aufforderte, etwas über die Erfahrung zu schreiben, die grundlegende Herzensgüte in anderen zu sehen.

Daraus ergab sich ein wunderbarer, herzerwärmender Austausch. Eltern erzählten von der Neugier und dem Staunen in ihren Kindern, Paare berichteten von gegenseitiger Leichtigkeit und Großzügigkeit, manche hatten die Weisheit und Selbstlosigkeit ihrer betagten Eltern erlebt, und mehrere schrieben davon, dass ihnen völlig unbekannte Menschen eine Freundlichkeit erwiesen hatten.

Nicht lange nach diesem schönen Erlebnis hatte ich Geburtstag. Angeregt durch meine Aktion auf Facebook schickte mir eine liebe Freundin eine Glückwunschkarte mit einer ganzen Liste davon, wie sie die grundlegende Güte in mir sah. Bei diesem tiefen Ausdruck ihrer Liebe traten mir Tränen in die Augen. Während ihre freundlichen Worte mein Herz berührten, war ich vom Gewahrsein *ihrer* Güte erfüllt und öffnete mich für den weiten, liebevollen Herzraum, den wir teilen.

Dieses Erlebnis erinnerte mich an eine Passage aus einem Buch des Trappistenmönchs Thomas Merton. Darin erzählt er von einer tiefen Erkenntnis, die er eines Tages hatte, nicht im Gebet oder überhaupt im Kloster, sondern an einer belebten Straßenecke in Louisville, Kentucky. Dort wurde er unvermutet von dem Gefühl durchströmt, dass er alle Menschen um sich herum liebte. »Sie gehörten zu mir, und ich gehörte zu ihnen«, schreibt er. Die Schilderung seiner Gefühle gehört zu meinen liebsten Kommentaren über unsere Möglichkeit, uns gegenseitig wahrhaft Wertschätzung entgegenzubringen:

> *»Plötzlich sah ich die geheime Schönheit ihrer Herzen und die Tiefe dieser Herzen, in die weder Sünde noch Wissen vordringen konnten, den Kern der Wirklichkeit, die Person, die wir alle in den Augen des Göttlichen sind. Hätten sie sich selbst nur so sehen können, wie sie wirklich waren! Könnten wir uns nur gegenseitig immer so sehen! Dann gäbe es keine Kriege mehr, keinen Hass, keine Grausamkeit, keine Gier. Problematisch wäre wohl nur, dass wir zu Boden sinken und einander verehren würden.«*

Wenn wir über die sich verändernden Stimmungen, Verhaltensweisen und Eigenschaften der Menschen in unserem Leben hinausblicken können, werden wir das Licht des Gewahrseins erkennen, das deren Wesenskern darstellt. Was für eine Freude es doch ist, innezuhalten, die grundlegende Herzensgüte wahrzunehmen und zu sehen, dass sie aus uns allen hervorleuchtet, als Mitgefühl, Intelligenz, Lebendigkeit und Kreativität. In den Momenten, wenn wir diese geheime Schönheit sehen, verlieben wir uns in die Gesamtheit des Lebens.

Die Brücke zwischen Sehnsucht und Zugehörigkeit

Wenn man wie ich in der religiösen Tradition des Unitarismus aufgewachsen ist, hat man gelernt, allen Ansichten relativ aufgeschlossen gegenüberzustehen. Zum Beispiel sagten wir spielerisch, Mose habe die »Zehn Vorschläge« erhalten, und Gebete richteten wir scherzhaft »an die zuständige Abteilung«. Daher blieb es mir mehr oder weniger selbst überlassen herauszufinden, worum es beim Beten tatsächlich ging.

Im Lauf der Jahrzehnte hat meine Beziehung zum Gebet sich entwickelt und vertieft, indem ich mich mit Trauer, Scham, Angst und Verzweiflung auseinandersetzte. Während ich lernte, bei solchen Gefühlen wirklich präsent zu sein, führte der Schmerz des Getrenntseins, den sie zum Vorschein brachten, zu einer tiefen Traurigkeit und Sehnsucht. Mit der Zeit wurde mir immer klarer, worum es mir ging – ich wollte zu einer größeren Quelle von Liebe und Präsenz gehören und von ihr umfangen werden. In den Momenten, in denen dieses Sehnen überströmte, streckte ich die Fühler nach etwas aus, was mir wie ein inniges, leuchtendes Feld von Empfindungen vorkam, durchdrungen von Zärtlichkeit und Fürsorge. Es war, als würde ich Kontakt zur großen Mutter des Universums aufnehmen. Zuerst fühlte ich mich von Licht und Liebe umhüllt, bis ich mich dann mit der Zeit zunehmend in der liebenden Präsenz auflöste.

Wenn ich jetzt den Eindruck habe, in einem begrenzten Selbst gefangen zu sein, wende ich mich oft mit andächtigem Herzen an diese größere Quelle eines liebevollen Gewahrseins. Wie der Dichter John O'Donohue so schön geschrieben hat, ist Gebet die Brücke zwischen Sehnsucht und Zugehörigkeit. Gebete der Sehnsucht weichen das fest gefügte Selbst auf. Sie erschaffen eine Durchlässigkeit, eine Empfänglichkeit für die liebende Präsenz, die immer für uns verfügbar ist, ob wir uns nun gerade daran erinnern oder nicht. Wenn wir demütig, frei von Abwehr und zugänglich sind, öffnen wir uns für das direkte Wissen, zu dieser Liebe zu gehören.

Ich stelle mir Beten gern als Baum vor, der tief im Erdreich und den Felsen unserer Verletzlichkeit, unserer Wunden und Ängste wurzelt. Die Wurzeln unterstützen die Äste des Baumes, die sich mit großer Sehnsucht und Empfänglichkeit zum Himmel hinaufstrecken. Unsere Bereitschaft, tief in Berührung mit unserer irdischen Verletzlichkeit zu kommen, verleiht unserem Gebet seine wohltuende Kraft.

Beten ist ein kreatives Experiment für uns alle, weil wir dabei jene Worte, Gesten und Bilder suchen, die uns für die heilsame Gegenwart von Liebe und Gnade empfänglich machen. Was uns im einen Moment wie ein leeres Ritual vorkommt, kann uns ein anderes Mal weit öffnen. Die verwendeten Worte kann man im Geiste flüstern oder laut aussprechen. Manche Menschen legen die Hände vor dem Herzen zusammen und neigen den Kopf, weil das ein Gefühl von Offenheit, Zärtlichkeit und Empfänglichkeit fördern kann. Für andere ist eine volle Niederwerfung ein Ausdruck von demütiger Bitte und Hingabe. Ich selbst neige leicht den Kopf und lege meistens die Handflächen zusammen, aber manchmal hebe ich auch die gewölbten Hände, als würde ich das, was gerade da ist, einer größeren, liebenden Präsenz darbieten. Durch solche Gesten kommunizieren wir mit einem grenzenlosen Feld aus Liebe, das uns nach Hause ruft. Und wie ein Fluss, der sich mit dem Ozean vereint, so vereinen wir uns mit etwas Größerem, zu dem wir gehören.

BETRACHTUNG Wenn Sie ein Gefühl von Abgetrenntheit und Sehnsucht verspüren, können Sie dann eine Gebetsgeste und ein paar einfache Worte finden, die Sie für Liebe und Zugehörigkeit öffnen? Vielleicht wollen Sie jetzt gleich einmal erforschen, was geschieht, wenn Sie einfach die Hände zusammenlegen und den Kopf neigen. Flüstern Sie sanft Ihr Gebet und bitten Sie um Liebe von der Quelle, mit der Sie sich am tiefsten verbunden fühlen.

Bei Kummer Gesellschaft leisten

Eine Freundin von mir hatte innerhalb eines Jahres beide Eltern verloren. In tiefer Trauer meldete sie sich bei mir und fragte, ob wir uns zu zweit per Skype treffen könnten. Sie hatte ihren Eltern sehr nahegestanden und in deren letzten Monaten bei ihnen gelebt, um sie zu pflegen. Es war so ein großer Verlust für sie, dass ich vor dem Gespräch darum betete, ganz präsent sein zu können.

Dann hörte ich still zu, während sie mir von ihren Eltern und deren letzten Tagen erzählte. Wenn es um Tod und Trauer geht, fehlen uns oft die richtigen Worte, weshalb ich nur lauschte und bereit war, etwas beizutragen, was hoffentlich tröstlich und hilfreich war. Als meine Freundin schwieg, spürte ich, wie sie darauf wartete, dass ich etwas sagte, aber irgendetwas in mir meinte: »Nein, wart noch.« Es war etwas heikel, als wir schweigend dasaßen und uns gegenseitig auf dem Bildschirm ansahen, aber ich wusste, dass ich dem Moment vertrauen musste. Und dann änderte sich etwas. Während wir einfach miteinander präsent waren, kamen uns beiden die Tränen, und wir weinten zusammen.

Wenn wir dabei sind, wie andere Menschen trauern, müssen wir in diesem Augenblick nichts sagen, ja gar nichts tun, außer unser Herz zu öffnen und den Schmerz und Kummer mitzufühlen. Der Sufi-Meister Pir Vilayat Inayat Khan hatte ein tiefes Verständnis dafür, was es wirklich bedeutet, Anteil am Leiden zu nehmen. Er sagte: »Wie die Mutter der Welt den Schmerz der Welt im Herzen trägt, sind wir alle ein Teil ihres Herzens und daher mit einem gewissen Maß an kosmischem Schmerz versehen. Wir teilen die Totalität dieses Schmerzes.«

Indem wir im Schmerz Gesellschaft leisten, erkennen wir an, dass das Leiden durch uns alle lebt, und durch die Gemeinsamkeit vergrößern wir den Herzraum, der dieses Leiden mit Mitgefühl umfangen kann. Wir werden zur Mutter der Welt und tragen den Schmerz der Welt in unserem Herzen.

Liebe und Verständnis einer Freundin oder eines Freundes erfrischen den Ursprung unseres Daseins wie ein tiefer Brunnen mit dem reinsten Wasser.

Die Furcht unserer Welt

Ich saß meditierend auf einem Felsen am Potomac River, als die Realität der Coronavirus-Pandemie mich zum ersten Mal mit voller Wucht traf. Mein Herz verkrampfte sich, als mir die reale Möglichkeit klar wurde, dass meine schwangere Schwiegertochter, die in San Francisco in einem Krankenhaus arbeitet, sich das Virus zuziehen und dann ihre Familie anstecken könnte – meinen Sohn, meine Enkeltochter und ihren früheren Mann, der bei ihnen wohnt. Dann wandten meine Gedanken sich meinen vielen Freundinnen und Freunden zu, die älter oder sonst wie physisch besonders gefährdet waren, und jenen, die aufgrund ihrer Hautfarbe und/oder weil sie wirtschaftlich benachteiligt waren, die Hauptlast des Leidens tragen würden. Ich dachte an die Häftlinge, die in infizierten Gefängnissen steckten, und an die Menschen in überfüllten Flüchtlingslagern überall auf der Welt und innerhalb unserer eigenen Grenzen. Während mir die Gedanken durch den Kopf wirbelten, wurde ich immer unruhiger und spürte, dass ich mich in den Gefühlen eines verängstigten, machtlosen und abgetrennten Selbst verfing.

Glücklicherweise setzte in meinem Kopf spontan die RAIN-Meditation ein, die ich regelmäßig mache. Sie besteht aus den Elementen Erkennen, Zulassen, Erkunden und Nähren. Ich *erkannte* das Gefühl und benannte es mit »Furcht, Furcht«. Ich *ließ es zu*, indem ich mir sanft zuflüsterte: »Auch das gehört dazu. Diese Furcht ist kein Eindringling, der nicht da sein sollte.« Da ich jetzt präsent war, konnte ich innehalten und meine Aufmerksamkeit vertiefen. *Erkundend* suchte ich nach dem Ort in meinem Körper, an dem die Empfindung von Furcht am stärksten war. Es war ein erstickendes Gefühl im Herzen, ein drückender, schmerzender Hohlraum. Mit der Frage »Wie fühlt dieses Gefühl sich wirklich an?« legte ich eine Hand aufs Herz. Während ich die Furcht einatmete, lokalisierte ich das Epizentrum des Schmerzes, den wunden Rand einer pulsierenden Höhlung. Ich gab jeden Widerstand auf und öffnete mich vollständig den Wellen von Furcht, die anschwollen und vergingen. Ich spürte, wie mein Herz aufging, und fragte, was dieser tiefe, verwundbare Ort am meisten brauchte. Worum bat er? Als Antwort kam: »Liebe spüren … das Gefühl, zu etwas Größerem zu gehören.« *Nährend* öffnete meine Aufmerksamkeit sich weit dem Feld aus Liebe und Gewahrsein, das unser Universum selbst ist. Während ich mir vorstellte, wie aus dieser weiten und doch sehr innigen Präsenz Liebe in mich hineinströmte, spürte ich, wie die Furcht in meinem Herzen von dieser Liebe umfangen und durchdrungen wurde.

Nach der Meditation saß ich still da und ruhte einfach im Feld einer liebenden Präsenz. Die Furcht war zwar noch vorhanden, aber da sie von Liebe umfangen wurde, war sie spürbar weniger intensiv. Wichtiger noch, sie kam mir nicht mehr wie »meine« Furcht in Bezug auf das Virus und alle davon betroffenen Menschen vor. Stattdessen war es *die Furcht der Welt*, die in einem weiten, zärtlichen Gewahrsein ruhte.

Und nun strömte nicht mehr nur Furcht durch mich hindurch, ich konnte mich auch für die Lebendigkeit öffnen, die mich umgab. Ich hörte die Rufe der Gänse und das Rauschen des Flusses, der an den Felsen unterhalb von mir vorüberfloss. Das Leiden in der Welt, das mein Herz gerufen hatte, war wirklich vorhanden, aber die wilde Schönheit dieses Lebens ebenso.

Vor der Pandemie gab es für uns alle Zeiten, in denen wir die Wirklichkeit von Furcht, Verlust und Trauer gespürt haben, und das wird auch weiterhin so sein, wenn diese Krise vorübergegangen ist. Wir können uns klarmachen, dass das Geheimnis der Heilung darin besteht, den Schmerz vollständig zu empfinden und ihn mit Liebe zu umhüllen. In Momenten, in denen wir das tun, werden unsere schmerzhaften Gefühle zum Schmerz der Welt, und wir werden zum liebenden Gewahrsein selbst.

BETRACHTUNG Wenn Sie in schwierige Emotionen verstrickt sind, kann die RAIN-Meditation Sie in eine weise, mitfühlende Präsenz zurückführen. Schenken Sie sich einige Momente Zeit, innezuhalten und nach innen zu blicken.

Erkennen: Erkennen Sie, was gerade geschieht. Flüstern Sie sich innerlich zu, was Sie wahrnehmen, zum Beispiel Furcht, Ärger, Verletzung, Scham.

Zulassen: Lassen Sie alles, was Sie fühlen, da sein, ohne es zu beurteilen, zu ändern und zu ignorieren. Halten Sie einfach inne und lassen Sie los.

Wenn Sie wollen, können Sie sich zuflüstern: »Auch das gehört dazu.«

Erkunden: Spüren Sie mit Neugier in den Körper hinein, in den Hals, die Brust, den Bauch. Entdecken Sie, wo die Emotionen in Ihnen lebendig sind. Dort, wo sie am stärksten sind, können Sie behutsam eine Hand auf den Körper legen. Spüren Sie, was in diesem Moment nötig ist oder worum gebeten wird. Ist es Liebe? Vergebung? Akzeptanz? Verständnis?

Nähren: Kümmern Sie sich fürsorglich um das Gefühl von Verletzlichkeit, Schmerz oder Furcht. Lassen Sie die Berührung Ihrer Hand ganz zärtlich werden und senden Sie die Botschaft, die am stärksten heilsam wirken könnte. Sie können sich vorstellen, dass diese Botschaft aus Ihrem eigenen wachen Herzen kommt oder von einem anderen Wesen (Freundin oder Freund, Großvater oder Großmutter, einer spirituellen Gestalt oder auch Ihrem Hund), dem Sie vertrauen und das Sie lieben.

Nach der Meditation: Nehmen Sie sich etwas Zeit, in der Stille die Qualität der Präsenz zu spüren, die sich entfaltet hat. Registrieren Sie, was sich verändert hat, seit Sie voll Ärger, Furcht oder in der Opferrolle mit der Meditation begonnen haben. Spüren Sie das mitfühlende Gewahrsein, das immer vorhanden ist.

Das Leben lieben, komme, was wolle

Ich winkte, als die Autos mit meinen Freundinnen, Freunden und Familienmitgliedern in jenem Jahr ohne mich auf die Straße einbogen und an die Küste fuhren – zum ersten Mal seit meiner frühen Kindheit. Solange ich mich erinnern konnte, hatte ich den Sommer auf Cape Cod mit seinen Kiefernwäldern und seinen breiten Sandstränden verbracht. Unser Haus war mit unserem Freundeskreis und unserer größer werdenden Familie gefüllt, in der immer wieder neue Kinder dazukamen. Alle Schwierigkeiten, die ich im Herzen hatte, lösten sich in den herrlichen Stunden, die wir täglich am Strand verbrachten. Wir surften, schwammen, ließen uns über die Brandung tragen und legten uns zum Ausruhen auf den warmen Sand.

In diesem Sommer würde es anders sein. Nachdem meine Mobilität und meine Gesundheit sich über Jahre hinweg auf mysteriöse Weise verschlechtert hatten, war endlich eine Diagnose gestellt worden. Ich hatte eine genetische Erkrankung des Bindegewebes. Behandelbar war sie lediglich durch Schmerzmittel und einen ganz langsamen Aufbau von Muskelkraft, um meine Gelenke zu stabilisieren. Ich wusste nicht, wie meine Zukunft aussah und ob ich je wieder mit meinen Eltern über den Sandstrand gehen oder mit Freundinnen und Freunden im Meer spielen würde. Von so vielem, was ich liebte, abgetrennt, fühlte ich mich sehr allein. Während mir vor Kummer die Tränen am Gesicht herabliefen, kam mir ein Gebet in den Sinn: »Möge ich bitte, bitte einen Weg zum Frieden finden. Möge ich das Leben lieben, komme, was wolle.«

Als ich auf der Veranda saß und das sehnsuchtsvolle Gebet wiederholte, öffnete mein Herz sich immer mehr, bis der Kummer sich in eine reine, zärtliche Liebe für das Leben selbst verwandelte, egal, was immer auch geschehen würde. In diesem Augenblick wusste ich im tiefsten Innern, dass ich alles verlieren konnte, was mir etwas bedeutete, und diese Liebe würde dennoch immer da sein, als zeitloser Kern meines Herzens. In den folgenden Jahren wurde ich glücklicherweise wieder erstaunlich gesund und körperlich belastbar, aber dennoch weiß ich, dass alles, was mir etwas bedeutet, irgendwann vergehen wird – bis auf das liebende Gewahrsein, das unser sich ständig veränderndes Leben wertzuschätzen weiß.

Freiheit

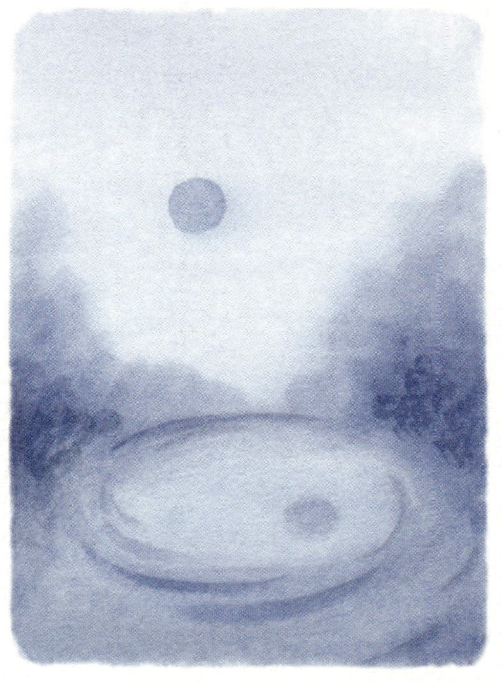

Zwei Flügel

Wie die beiden Flügel eines Vogels sind Weisheit und Liebe ein untrennbarer Ausdruck unseres angeborenen Gewahrseins. Der Flügel der Weisheit ist unser klares Verständnis der Wahrheit, der Natur der Wirklichkeit. Der Flügel der Liebe ist unsere Fähigkeit, auf alles, was wir erleben, mit einem zärtlichen, fürsorglichen und wertschätzenden Herzen zu reagieren. Wenn wir diese beiden Flügel des Gewahrseins öffnen, tragen sie uns zur Freiheit unseres erwachten Seins.

Ein sonnendurchströmter Himmel

Versuchen Sie in den nächsten fünfzehn Sekunden doch einmal, *nichts* wahrzunehmen … ab jetzt sofort.

Wenn Sie es versucht haben, was ist dann passiert? Was haben Sie bemerkt?

Wenn ich einen Vortrag über die Natur des Gewahrseins halte, fordere ich die Zuhörenden oft auf, diese kurze Übung zu machen. Anschließend frage ich, wie viele dabei erfolgreich waren. Meist höre ich wissendes Gelächter. Ich liebe diese simple Übung, weil sie so deutlich macht, dass unser Gewahrsein immer vorhanden ist – selbst wenn wir uns dessen nicht bewusst sind.

Wie wäre es, wenn Sie jetzt wieder einige Momente innehalten und es noch einmal ausprobieren? Versuchen Sie, *nichts* wahrzunehmen, und stellen Sie fest, was dann passiert.

Richten Sie die Aufmerksamkeit nun direkt auf Ihr Gewahrsein. Was ist das eigentlich? Erforschen Sie mit Interesse und Neugier nicht die Objekte der Wahrnehmung – Geräusche, Gefühle, Bilder –, sondern das Gewahrsein selbst. Was fällt Ihnen auf?

Nach den Lehren des tibetischen Buddhismus ist unser Gewahrsein offen, wach und spontan empfänglich. Es hat keine Form, keine Mitte und keine Grenzen, keinen Besitzer und kein festes, unveränderliches Selbst. Gewahrsein ist der offene, empfängliche Raum, in dem alles, was existiert, entsteht und vergeht. Obgleich es leer an »Dinghaftigkeit« ist, ist es voll lebendiger Wachheit –

der Fähigkeit, den sich stetig verändernden Strom aus Geräuschen, Körperempfindungen, Gerüchen und visuellen Eindrücken zu registrieren. Auf diesen sich ändernden Strom, darunter die unendliche Vielfalt an vergänglichen Lebewesen, reagiert das Gewahrsein mit Wärme und Zärtlichkeit. Diese grenzenlose Empfänglichkeit schließt Liebe, Mitgefühl, Freude, Wertschätzung und die vielen anderen Eigenschaften des Herzens ein.

Die drei Eigenschaften des Gewahrseins – offen, wach und zärtlich – sind untrennbar miteinander verflochten. Am besten verständlich werden sie wohl, wenn man sie mit einem sonnendurchströmten Himmel vergleicht. Es ist unmöglich, das Licht (Wachheit) von dem offenen Raum zu trennen, den es erleuchtet; ebenso unmöglich ist es, die Wärme (Zärtlichkeit), die wir spüren, vom glänzenden Licht der Sonne zu trennen. Beides sind untrennbare Ausdrucksformen eines Ganzen. Wie der tibetische Buddhismus lehrt, ist ein offenes, waches, zärtliches Gewahrsein das Wesen unserer ursprünglichen und wahren Natur. Während wir lernen, die Aufmerksamkeit darauf zu richten und darin zu ruhen, verkörpern wir zunehmend diese Eigenschaften und leben aus der Reinheit und Fülle dessen heraus, wer wir wirklich sind.

BETRACHTUNG Halten Sie einige Momente inne und registrieren Sie den sich verändernden Strom von Geräuschen, Bildern, Gefühlen und Körperempfindungen. Richten Sie die Aufmerksamkeit dann auf das Gewahrsein, das im Hintergrund vorhanden ist. Entspannen Sie sich und ruhen Sie in diesem Gewahrsein, seien Sie das Gewahrsein selbst. Spüren Sie die Offenheit, den grenzenlosen, empfänglichen Raum der Präsenz? Spüren Sie Wachheit, die Eigenschaft zu wissen? Zärtlichkeit und Wärme als Reaktion auf alles, was auftaucht?

»Das ist es«

Wahres Glück entsteht, wenn wir einfach im Augenblick anwesend sind, ohne nach etwas zu greifen oder uns zu wünschen, das Leben möge irgendwie anders sein als so, wie es jetzt gerade ist. Für solche Momente der Präsenz ergeben sich im Leben zahllose Möglichkeiten, sofern wir uns nicht in die Zukunft versetzen oder gegen das wehren, was jetzt vorhanden ist. Es sind Momente, in denen wir das Leben genau so sein lassen, wie es ist. Uns dafür zu öffnen, ist ein Geschmack von Freiheit.

Wenn Jonathan und ich in der Natur spazieren gehen, bleiben wir oft stehen, um das Wunder unserer Umgebung, aber auch das unseres Zusammenseins wahrzunehmen. In solchen Augenblicken sagen er oder ich manchmal: »Das ist es.« Gemeint ist, dass dieser Moment alles ist, was wir haben … und dass er kostbar ist. Worauf der oder die andere vergnügt erwidert: »Nein, wart mal. *Das* ist es.« So geht es unter Umständen mehrere Runden weiter, indem wir erklären, dieser – und dann *dieser* – Moment sei etwas Heiliges. Neben der Fröhlichkeit, mit der wir das tun, ist es eine deutliche Erinnerung: Wenn wir das ständige Taumeln in die Zukunft bewusst zum Stillstand bringen, erkennen wir, dass das, was uns etwas bedeutet, nur im Jetzt gefunden werden kann. Wirklich: »Das *ist* es.«

Sich an den Heimweg erinnern

Der Sufi-Dichter Rumi soll einmal gesagt haben: »Was ins Dasein kommt, verliert sich im Dasein und vergisst trunken den Heimweg.« Im Lauf unserer menschlichen Reise vergessen wir alle die Weite und Tiefe unseres Gewahrseins und unserer Liebe, und dabei identifizieren wir uns immer mehr mit unserem begrenzten Körper und Denken. Indem wir Masken aufsetzen, um den Schmerz unerfüllter Bedürfnisse zu verbergen und unsere Verletzlichkeit mit einem Schutzwall zu umgeben, schränken wir das Gefühl dafür, wer wir sind, weiter ein. Wir tragen die Verkleidung einer »fleißigen, wichtigen Person«, eines »zornigen Opfers«, einer »unzulänglichen Persönlichkeit« oder einer »zwanghaften, süchtigen Person«. Manchmal handelt es sich auch um eine deprimierte Person. Oder um eine, die ängstlich ist. Um eine überlegene Person. Oder um eine Verliererin oder einen Verlierer. Die meisten von uns verfügen über eine ganze Garderobe voller Rollen und Fassaden. Uns dort zu bedienen, hilft uns zwar eventuell, schwierige Zeiten zu überstehen, aber problematisch daran ist, dass wir uns allmählich mit unseren Masken identifizieren und schließlich meinen, diese unechten Bilder wären das, was wir wirklich sind.

Genauso, wie es ein natürlicher Teil der menschlichen Reise ist, Masken aufzusetzen und sich dahinter zu verlieren, gehört es zu unserer evolutionären Entfaltung, zu der Tatsache zu erwachen, dass wir in einer irrtümlichen und eingeschränkten Identität gefangen sind. Früher oder

später, langsamer oder schneller erkennen wir, dass wir in einer Trance gelebt haben, einer Sammlung aus vertrauten Masken verhaftet, durch die wir uns nur immer weiter für abgetrennt und unzulänglich halten. Wenn wir uns dem Leiden an dieser Trance aber mutig stellen, erwacht unsere Sehnsucht, uns wieder mit der grundlegenden Herzensgüte zu verbinden, deren Vorhandensein wir immer erahnt haben. Dieses Leiden und diese Sehnsucht sind unser eigenes Gewahrsein, das uns nach Hause ruft, hin zu unserer ganzen Intelligenz, Sensibilität und Liebe.

Während wir der sich vertiefenden Präsenz lauschen und uns ihr hingeben, blicken wir hinter die Masken und entdecken dort die Schönheit und Freiheit unserer wahren Natur.

BETRACHTUNG Welche Masken haben Sie aufgesetzt, um sich auf Ihrer Reise zu schützen? Wer wären Sie, wenn Sie nicht mehr glauben würden, die Ihnen am meisten vertraute Maske wäre das, was Sie sind?

Sich immer wieder hingeben

Vor einigen Jahren, als ich als Meditationslehrerin allmählich bekannter wurde, geriet ich in ein schmerzhaftes Dilemma. Zusammen mit der zunehmenden Aufmerksamkeit und Anerkennung durch andere entstand ein aufgeblähtes Ego, ein unterschwelliges Gefühl, ich wüsste mehr als andere und sei spirituell höher entwickelt – diejenige mit den Antworten. Wenn ich nach einer Kursstunde oder einem Workshop heimkam, wurde mir oft bewusst, dass meine vermeintliche Überlegenheit und meine Selbstgefälligkeit mich von anderen und meinem eigenen Herzen abgetrennt hatten. Worauf ich in einer Mischung aus Enttäuschung, Traurigkeit und Scham versank.

Mir wurde klar, dass ich diese »besondere Person« in meinem Innern, die meine Beziehungen und meine authentische Präsenz beeinträchtigte, loslassen musste. Daher nahm ich mir vor, meine Achtsamkeit zu verstärken. Immer, wenn »sie« auftauchte – nach einem Vortrag, beim Lesen von Dankschreiben von Schülerinnen und Schülern, oder wenn ich erfuhr, dass ich vor einem ausgebuchten Saal sprechen würde –, hielt ich inne und versuchte, den durch mich hindurchströmenden Gedanken und Gefühlen Achtsamkeit und Mitgefühl entgegenzubringen. Manchmal forderte ich mich auch auf: »Lass los, lass los.«

Es stellte sich jedoch heraus, dass das die Sache weiter komplizierte. Indem ich ständig Ausschau nach der »besonderen Person« hielt und versuchte, sie loszulassen, wurde mir noch deutlicher, wie sehr sie meine Psyche in Besitz genommen hatte. Damit wuchsen sowohl meine Scham wie meine Abneigung gegen »sie«. Diese Person in meinem Innern stand zwischen mir und meiner Freiheit; sie fesselte mich an ein aufgeblähtes, falsches Gefühl dafür, wer ich war. Ich wollte mich unbedingt aus ihrem Klammergriff befreien. (Wahrscheinlich merken Sie, wie sehr ich mich in Abneigung und Abwehr verfangen hatte, aber ich glaubte steif und fest, ich würde mich bemühen zu erwachen!)

Eines Abends meditierte ich zu Hause neben meinem Altar, und als ich ruhiger wurde, nahm ich einen Lichtschein und ein Gefühl des Friedens wahr. Dann jedoch war »sie« wieder da. Gedanken an einen bevorstehenden Vortrag tauchten auf, und schon war ich wieder innerhalb dieser bedeutsamen, allseits beliebten Person. Verzweifelt hörte ich, wie eine innere Stimme rief: »Was kann ich nur tun? Obwohl ich mich so anstrenge, lässt diese Ichbezogenheit einfach nicht nach!«

An diesem Punkt begriff ich endlich. »*Ich* kann das nicht zustande bringen. *Ich* kann einen Teil von meinem Selbst nicht zwingen zu verschwinden. Das Selbst kann sich nicht aufgeben und das Selbst loslassen! Das ist einfach nicht seine Aufgabe.« Indem ich mich dazu zwingen wollte loszulassen, stärkte ich das aufgeblähte Selbst nur. Da flüsterte eine sanfte Stimme in meinem Innern: »Hör auf. Hör einfach auf.« Hör auf, mit dir selbst Krieg zu führen. Hör auf, dich derart anzustrengen. Versuch nicht mehr, dich wieder hinzubekommen. Und als ich mir eine Pause von dem ganzen »Tun«

genehmigte, wurde mein ganzes Wesen leichter, heller und offener.

Eine der schönsten Geschichten über den Weg der wahren Hingabe handelt von Ananda, dem Begleiter Buddhas, dem er zutiefst ergeben war. Als man nach dem Tod des Buddha das erste Konzil seiner erleuchteten Schüler einberief, wurde Ananda nicht eingeladen. Obwohl er sich jahrelang alle Mühe gegeben hatte, war er noch nicht erleuchtet. Am Vorabend des Konzils setzte er sich daher zur Meditation hin und beschloss, die ganze Nacht intensiv zu praktizieren und nicht aufzuhören, bis er die volle Erleuchtung erlangt hatte. Nach vielen Stunden war er jedoch lediglich erschöpft und entmutigt. Trotz all seiner Anstrengung hatte er nicht den kleinsten Fortschritt gemacht. Kurz vor der Morgendämmerung beschloss er, sein Bemühen loszulassen und sich einfach hinzulegen, um eine Weile auszuruhen. Sobald sein Kopf das Kissen berührte, heißt es in der Geschichte, wurde er erleuchtet.

Was hatte Ananda befreit? Dass er alle Anstrengung aufgab. Dass er losließ. Dass er einfach in seinem Dasein ruhte.

Durch viele Jahre der Meditation hatte Ananda natürlich den Boden für sein Erwachen bereitet; er hatte gelernt, aus seinen Gedanken aufzuwachen und sein Herz zu öffnen. Aber erst als er sein ganzes »Tun« aufgab und sich in dem Gewahrsein entspannte, das immer bereits vorhanden ist, verwirklichte er die Freiheit.

Als ich an jenem Abend vor meinem Altar saß, war es das Loslassen, was mich befreit hat. Es handelte sich jedoch nicht darum, dass das Selbst das Ego losgelassen hätte, es war das *Enden allen Bemühens*. Diese kostbare Pause, diese Momente des Nicht-Tuns waren wie selbstverständlich von zärtlicher Präsenz erfüllt. Und während die offene Präsenz sich vertiefte und verbreiterte, lösten sich die Anspannungen des Selbst in dieser größeren, liebevollen Zugehörigkeit auf.

Natürlich hat mein Kopf irgendwann festgestellt: »Schau mal, was mir gelungen ist; ich habe mich hingegeben und bin jetzt frei.« Das war die »besondere Person«, die ein Comeback versuchte. Mit einem inneren Lächeln hörte ich wieder das sanfte Flüstern: »Hör auf. Hör einfach auf.« Und mit dem Innehalten wurde wieder alles durchlässiger und löste sich in einer grenzenlosen, liebevollen Präsenz auf.

Wir können uns nicht *zwingen*, uns hinzugeben. Unsere Weisheit weiß, dass Hingabe der Weg ist; unser Geist kann ruhig und präsent sein, unser Herz bereit und andächtig. Dennoch ist es das Gewahrsein, um das es geht. Im Licht und in der Zärtlichkeit des Gewahrseins lösen sich Gedanken wie selbstverständlich auf, körperlicher Widerstand gibt nach, emotionale Ängste und Anhaftungen entspannen und lösen sich. Das Gewahrsein erhellt seine eigene Präsenz, die geheimnisvolle Wahrheit dessen, was wir sind. Diese Erkenntnis kann sich ganz plötzlich ergeben wie bei Ananda oder allmählich entfalten, wie es bei mir der Fall war. So oder so ist es nicht das »Ich«, das sich hingibt. Vielmehr löst sich das Gewirr eines Selbst-Gefühls auf natürliche Weise im Licht einer offenen, zärtlichen, nichts tuenden Präsenz auf.

Präsenz ist das Tor zu allem, was wir schätzen und lieben. Der Weg zu diesem natürlichen Gewahrsein besteht einfach darin, uns zu entspannen und in dem zu ruhen, was ist.

Die Präsenz berühren

Wir haben alle schon einmal das innige Gefühl wahrer Präsenz berührt. Vielleicht war das in den Momenten vor dem Einschlafen, als wir ruhig wurden und uns entspannten, oder als wir innehielten, um dem Regen auf dem Dach zu lauschen. Oder wir haben die Präsenz berührt, als wir staunend in den Sternenhimmel blickten. Vielleicht war es auch dann, als wir von Dankbarkeit erfüllt waren, nachdem uns jemand unerwartet eine Freundlichkeit erwiesen hatte. Oder es war bei jenem unvergesslichen Übergang, den Geburt und Tod darstellen. In solchen Momenten treten Vergangenheit und Zukunft in den Hintergrund, die Gedanken beruhigen sich, und es entsteht das kostbare Gefühl, hier und jetzt ganz da zu sein, mit wachem Gewahrsein.

Ja sagen

Bei einem meiner ersten Meditationsretreats litt ich an einer Nebenhöhlenentzündung und kämpfte außerdem mit den Schuld- und Angstgefühlen, die durch die nicht lange zurückliegende Trennung von meinem ersten Mann in mir auftauchten. Als Reaktion auf meinen körperlichen Zustand und meinen emotionalen Schmerz schwamm ich geradezu in Negativität. Als ich merkte, wie heftig ich Widerstand gegen das leistete, was ich erlebte, beschloss ich, bei allem, was ich fühlte, »Ja« zu flüstern.

Zuerst war dieses Ja mechanisch … und ein bisschen amüsant, vor allem, wenn es darum ging, Ja zu meiner ständig laufenden Nase zu sagen. Aber nachdem ich das einige Stunden lang getan hatte, bemerkte ich im Kopf allmählich mehr Raum um alles herum, was in mir auftauchte. Dann füllte dieser Raum sich langsam mit Zärtlichkeit. Ich sah, wie die inneren Wettersysteme aus Abwehr und automatischer Reaktion ganz von selbst entstanden und vergingen. Sie richteten sich nicht gegen mich und sie traten auch nicht wegen mir auf, sie gehörten einfach zur Natur des Lebens, das sich in meinem Körper und meinem Geist ausdrückte. Indem ich Ja sagte und diese Systeme da sein ließ, wurde das Gewahrsein sichtbar, durch das jenes wechselhafte Wetter zog wie durch den Himmel – das wache und mitfühlende Gewahrsein, das alles umfangen und enthalten konnte.

Wenn ich davon spreche, Ja zu sagen, meine ich nicht, wir sollten das schädliche Verhalten anderer Menschen billigen oder den Inhalt unserer Gedanken akzeptieren und glauben (wie etwa »Ich bin zu nichts nütze.«). Indem wir Ja sagen, erkennen wir vielmehr aufrichtig und mutig an, was wir tatsächlich erleben. Diese befreiende Haltung öffnet uns für die Präsenz, und sie ermöglicht es uns, auf den jeweiligen Moment mit unserer ganzen Intelligenz und unserem Mitgefühl zu reagieren.

Jedes Mal, wenn Sie Ja zu dem sagen, was in Ihnen auftaucht, vertiefen Sie das Vertrauen in das Gold Ihres von Grund auf offenen Gewahrseins. Sie stärken die Zuversicht, dass Sie mit allem umgehen können, was sich ergibt. Das ist innere Freiheit, denn statt angespannt auf das zu warten, was sich ereignen könnte, können Sie die Tore öffnen und sich von den zehntausend Freuden und Sorgen durchströmen lassen.

BETRACHTUNG Gibt es in Ihrem Leben gerade etwas, was schwierig ist oder eine Herausforderung darstellt? Dann können Sie sich fragen: »Was ist der schlimmste Aspekt dieser Situation? Und was denke ich darüber?« Richten Sie die Aufmerksamkeit ganz auf Ihren Körper und Ihre Gefühle. Sagen Sie Ja zu allem, was in Ihnen auftaucht – zu den Verletzungen, der Wut, der Angst. Ja zur Realität Ihrer Erfahrung in diesem Augenblick. Nehmen Sie wahr, was in solchen Momenten geschieht, in denen Sie aufrichtig alles mit mutiger, offener Präsenz annehmen. Können Sie sich vorstellen, Ja zu sagen und damit Ihr ganzes unvollkommenes und chaotisches Leben anzunehmen?

Die nebulösen anderen

Im Verkehr stecken zu bleiben, führt schnell dazu, dass man die Achtsamkeit verliert. Das habe ich früher oft erlebt, wenn ich in Washington zur Hauptverkehrszeit unterwegs war, vor allem, wenn der Wagen vor mir langsamer fuhr, als es mir lieb gewesen wäre, oder wenn der hinter mir zu dicht auffuhr. Daher kam ich auf die Idee, mich neben den betreffenden Wagen zu bugsieren (falls das möglich war) und hineinzuschauen, um festzustellen, wer am Lenkrad saß. Das war eine Art Aufwach-Praxis, denn wenn ich das Gesicht der betreffenden Person sehen konnte, wurde sie für mich realer – sie wurde zum Mitmenschen –, wodurch meine Verärgerung nachließ.

Eines Tages musste ich dringend zu einer Besprechung, und der Wagen vor mir, ein alter Buick, fuhr wirklich ausgesprochen langsam. Es ging mir gewaltig auf die Nerven, dass der alte Kasten weit unterhalb des Tempolimits dahinzuckelte, und in meinem Kopf kreisten allerhand Stereotypen darüber, wer da wohl am Steuer saß. Ein uralter Mann zum Beispiel. Oder eine Frau, die mit jemand plapperte und nicht aufs Fahren achtete. Anders gesagt, war ich ganz damit beschäftigt, die Person am Lenkrad zu einem von den »nebulösen anderen« zu machen. Worauf ich meine Strategie anwandte, auf die Fahrspur neben dem Wagen vor mir wechselte … und etwas erlebte, was mich total aufwühlte. Es war etwa ein Jahr nach dem Tod meines Vaters, und als ich den Fahrer in den Blick be-

kam, sah er genau wie dieser aus. Sofort verschwand mein Ärger, und ich brach in Tränen aus.

In diesem Augenblick war der »nebulöse andere«, der am Lenkrad des alten Wagens gesessen hatte, für mich zu einem lebendigen Wesen geworden, das Liebe und Fürsorge verdiente. Das stärkte meinen Vorsatz, auch dann wach zu bleiben, wenn ich gestresst war und andere Menschen zu etwas Unwirklichem machte. Mir wurde klar, dass ich in jedem Moment, in dem jemand mir »im Weg« zu sein scheint, innehalten und meine Aufmerksamkeit vertiefen kann. Dadurch sehe ich ein Wesen mit einem Herzen und einem Bewusstsein, und dann kann der Schutzpanzer, der das Gefühl der Trennung verursacht, weich werden.

Der weite Himmel des Gewahrseins

Eines meiner Lieblingsbilder, um Gewahrsein zu veranschaulichen, stammt von einem tibetisch-buddhistischen Lehrer. Bei einem seiner Vorträge zeichnete er auf ein großes leeres Blatt Papier einen V-förmigen Umriss. »Was seht ihr da?«, fragte er. »Einen Vogel«, erwiderten alle sofort. »Nein«, sagte er, »das ist der Himmel, durch den ein Vogel fliegt.«

Wir fixieren uns gewohnheitsmäßig auf den »Vogel« – auf die Geräusche und Bilder in unserer direkten Umgebung, auf die Menschen und das Geschehen um uns herum, auf unsere Gedanken und Gefühle und auf all unsere Geschichten darüber, was unserer Meinung nach gerade passiert. In den meisten Momenten unseres Tages ist der Vogel, auf den wir fixiert sind, nicht mehr als das, was wir uns selbst erzählen. Wir leben in einem Film mit einem einzigen Star, bei dem es sich oft um ein mit Mängeln behaftetes, unzufriedenes, ängstliches Selbst handelt. An Meinungen und Gefühle zu diesem begrenzten Selbst gekettet, übersehen wir die weite Welt jenseits des Films, das wache und zärtliche Gewahrsein, das unser Erleben umfängt.

Je mehr wir unsere vorübergehenden Gedanken, Emotionen und Körperempfindungen achtsam wahrnehmen, desto mehr halten wir uns im Himmel des Gewahrseins selbst auf. Dadurch entsteht eine befreiende Einsicht: Ich bin nicht identisch mit meinen Gedanken. Ich muss meinen Gedanken nicht glauben.

Die Geschichten über uns selbst, die wir uns unablässig erzählen, spiegeln in keiner Weise das Geheimnis, die Schönheit und die grenzenlose Kreativität dessen wider, was wir sind. Achtsam das Denken wahrzunehmen und sich an den weiten Himmel des Gewahrseins zu erinnern, durch den unsere Geschichten hindurchziehen, ist der Weg zu Heimkehr und Freiheit.

BETRACHTUNG Richten Sie die Aufmerksamkeit einige Minuten auf Ihren Denkprozess. Nehmen Sie wahr, wie Gedanken unvermittelt auftauchen und dann wieder verschwinden. Woher kommen sie? Wo gehen sie hin? Was ist sich des Denkens in diesem Augenblick gewahr? Richten Sie die Aufmerksamkeit behutsam auf das Gewahrsein, das wahrnimmt. Entspannen Sie sich in seiner wachen Offenheit. Lassen Sie los, um einfach da zu sein.

Jenseits der virtuellen Realität des Denkens existiert ein geheimnisvolles, fließendes, von Grund auf waches und zärtliches Gewahrsein. Wenn wir uns entscheiden, offen für diese größere Wirklichkeit zu sein, erkennen wir, dass wir unseren Gedanken keinen Glauben schenken müssen. Dann sind wir offen für die Freiheit.

Hinter die Maske blicken

Wenn wir uns in meinen Kursen mit der Frage der Identität beschäftigen, erzähle ich gern diesen Witz: Eines Morgens kommt ein Mann zu spät ins Büro, wo gerade eine Besprechung stattfindet. »Sagen Sie mal, wo waren Sie eigentlich?«, fragt sein Chef. Der Mann erwidert: »Ich hab vor unserem Gebäude gerade einen Clown gesehen.« Worauf einer von seinen Kollegen fragt: »Tja, war das ein echter Clown oder bloß jemand, der sich als Clown verkleidet hatte?«

Nachdem ich das erzählt habe, entsteht normalerweise eine kurze Pause, in der ich regelrecht höre, wie sich die Rädchen im Gehirn drehen. Dann wird gelacht. Wie wir alle wissen, gibt es Masken und eine Person dahinter, und manchmal verwechselt man beides.

Das Wort »Person« ist von lateinisch *persona* abgeleitet. Es bezog sich auf Masken, die von Schauspielern getragen wurden, um bestimmte Charaktere, Tiere oder Gottheiten darzustellen. Im täglichen Leben setzen wir gewohnheitsmäßig ebenfalls Masken auf, die zu bestimmten Situationen passen. Aber im Gegensatz zu den Schauspielern und ihrem Publikum im alten Rom, die wussten, dass die Masken nach der Vorstellung abgenommen wurden, identifizieren wir uns oft damit. Zum Beispiel stellen wir gern die sachkundige, fähige Maske oder die ängstliche, unsichere Maske zur Schau. Oder wir sehen, dass eine Kollegin die kritische, ärgerliche Maske trägt. Die Rollen im Kern unseres Wesens bestehen aus unseren tiefsten Ängsten und unseren frühesten Verteidigungsstrategien, und statt zu wissen, wie wir sie beiseitelegen können, gelangen wir oft zu der Überzeugung, sie würden darstellen, wer wir wirklich sind.

Wenn wir hinter diesen Masken gefangen durchs Leben gehen, versäumen wir die Gelegenheit, Verbindung und Nähe zu unserer Umgebung herzustellen. In der Beziehung zu uns selbst und zu anderen vergessen wir das Gewahrsein und die Liebe, die unser wahres Wesen beleben.

Die segensreiche Erinnerung daran entsteht durch ein achtsames Gewahrsein, mit dem wir die veränderlichen Gedanken, Gefühle und Emotionen wahrnehmen, die uns durchströmen. In der Ruhe und Klarheit der Präsenz sehen wir unsere Masken als das, was sie sind: temporäre (und manchmal nützliche) Rollen, aber nicht unser Wesenskern. Mit Präsenz blicken wir außerdem hinter die Masken von anderen und erkennen das Bewusstsein, das durch deren Augen blickt, und die Zärtlichkeit, die in ihrem Herzen wohnt.

BETRACHTUNG Vergegenwärtigen Sie sich eine Maske oder Rolle, in die Sie immer wieder schlüpfen. Nehmen Sie die damit verbundenen Gedanken und Gefühle wahr. Holen Sie sich dann in den gegenwärtigen Moment zurück und beobachten Sie den sich verändernden Strom dessen, was Sie jetzt erleben: Geräusche, Gedanken, Gefühle, Körperempfindungen. Fragen Sie sich: *Wer oder was ist sich all der Dinge gewahr, die gerade geschehen?* Ruhen Sie eine Weile in dieser Präsenz, in dem offenen Gewahrsein jenseits jeder Rolle, die Sie einnehmen könnten. Wie wäre wohl Ihr Leben, wenn Sie Ihre Masken leichtnehmen und sich daran erinnern könnten, dass sie nicht darstellen, wer Sie wirklich sind? Wie könnte das die Art und Weise verändern, wie Sie mit anderen Menschen umgehen?

Lösen und loslassen

Zu den großen Mythen, die sich um das Thema Meditation ranken, gehört die Vorstellung, wir würden meditieren, um etwas zu erreichen: mehr Einsicht, mehr schöne Erfahrungen, mehr Freude, mehr Mitgefühl. Das kann sich durch Meditation zwar tatsächlich alles einstellen, aber es kommt immer davon, dass man loslässt und die Dinge so sein lässt, wie sie sind, ohne sich an irgendetwas zu klammern.

Swami Satchidananda, ein spiritueller Lehrer aus Indien, der eine wichtige Rolle bei der Vermittlung der Yoga-Praxis im Westen gespielt hat, wurde einmal von einem seiner Schüler gefragt, ob es nötig sei, Hindu wie er zu werden, um Yoga zu praktizieren. Lächelnd antwortete der Swami: »Ich bin kein Hindu, ich bin ein *Undo*.« (Engl. *to undo something:* etwas lösen; Anm. d. Übers.)

Spirituelles Erwachen ist ein Prozess, bei dem wir uns von unseren gewohnheitsmäßigen Reaktionen lösen und die Vorstellung loslassen, wir müssten unseren Gedanken Glauben schenken und uns mit unseren Emotionen identifizieren. Wie eine Schlange, die sich häutet, legen wir dadurch die uns einschränkenden Identitäten ab, aus denen wir herausgewachsen sind. Wenn wir loslassen, können unsere natürliche Intelligenz und die Liebe, die unsere wahre Natur sind, frei durch uns hindurchströmen.

Ist das Universum ein freundlicher Ort?

Als meine Mutter in ihren Achtzigern war, zog sie bei uns ein und begleitete mich von da an zu meinen Meditationskursen am Mittwochabend. Nach einigen Wochen stellte sie sich selbst die Aufgabe, sich dort um all jene zu kümmern, die einsam wirkten, sich nicht wohlfühlten oder den Eindruck machten, nicht dazuzugehören. Als zusätzliche Aufgabe übernahm sie es, auf der Heimfahrt nach dem Kurs meinen Vortrag zu kommentieren. Als einstige Philosophiestudentin genoss sie unsere Unterhaltungen sehr, und selbst wenn sie mit dem Inhalt eines Vortrags weitgehend zufrieden war, zögerte sie nicht mit Einwänden, wenn etwas, was ich gesagt hatte, ihr nicht recht einleuchtete.

Eines Abends hatte ich darüber gesprochen, dass wir im Grunde gut seien. Dabei hatte ich eine Bemerkung zitiert, die oft Albert Einstein zugeschrieben wird: »Ich glaube, die wichtigste Frage der Menschheit lautet: ›Ist das Universum ein freundlicher Ort?‹ Das ist die erste und grundlegendste Frage, die alle Menschen sich beantworten müssen.«

Nach meinem Verständnis ist unser Universum tatsächlich von Grund auf gut, und wenn wir darauf vertrauen, handeln wir so, dass es unserem kollektiven Einvernehmen, Frieden und Wohlbefinden dient. In meinem Vortrag hatte ich erklärt, wie Meditation unsere Fähigkeit zu Präsenz, Mitgefühl und Liebe weckt. Unsere fundamentale Güte könne zwar verdeckt sein, aber wenn wir sie als angeborenes Potenzial annähmen, käme sie zum Vorschein und würde unser Herz befreien.

Tja, das war ein ideales Thema für unsere Unterhaltung auf der Heimfahrt! Der klare philosophische Verstand meiner Mutter kam so richtig in Schwung. »Wo findet man diese grundlegende Güte denn in Rassismus, sozialer Ungerechtigkeit und der Todesstrafe oder darin, dass Menschen sich gegenseitig verletzen und die Erde zerstören?«, fragte sie. »Ist das Universum gut, wenn ein Tornado tobt oder eine Dürre herrscht? Und wieso soll unsere Güte fundamentaler sein als Schlechtigkeit und Bosheit? Aus meiner Sicht ist das Ganze bestenfalls neutral!« Damit endete sie, zufrieden damit, ihr Argument angebracht zu haben.

Was meine Mutter ausdrückte, fragen sich viele Menschen. Tatsächlich kann man nicht argumentieren oder gar beweisen, dass Liebe und Gewahrsein fundamentalere Eigenschaften wären als Aggression, Gewalt und Angst. Nur wenige von uns sind in ihrem Leben nicht auf Aggression gestoßen, und niemand ist immun gegen Angst. Was unsere grundlegende Güte angeht, wissen wir, dass Selbstzweifel und Gefühle der Unzulänglichkeit nicht gerade selten in uns auftreten. Und wenn wir sehen, wie andere Menschen großes Leiden verursachen, ist es schwer, deren Güte zu entdecken.

Aber dennoch sehnen wir uns danach zu glauben, dass wir wertvolle, schöne Eigenschaften und Fähigkeiten besitzen, die über unsere blinden emotionalen Reaktionen, unsere zwanghaften Gedanken und unser unvollkommenes Verhalten hinausgehen. Wir sehnen uns danach, trotz aller unvermeidlichen Konflikte Verbundenheit mit anderen zu spüren. Wir sehnen uns danach, einer zeitlosen, liebevollen Präsenz anzugehören, die uns durch diese lebende und sterbende Welt tragen kann. Diese Sehnsucht entsteht durch das tief empfundene Gefühl, dass das, wonach wir uns sehnen, möglich ist. Spüren wir in ruhigen Momenten von echter Präsenz und Fürsorglichkeit nicht eine Heimkehr, eine Erfahrung, dass wir Teil von etwas Ganzem und Zusammenhängendem sind?

Die Frage nach unserer grundlegenden Güte müssen wir alle selbst beantworten. Unsere Antwort aber entsteht aus unserer tiefsten Erfahrung heraus. Ich konnte meiner Mutter zwar keinen logischen Beweis dafür liefern, dass wir in einem freundlichen Universum leben, aber ich habe ihr erklärt, was ein Leitstern für mich ist: die Absicht zu leben, *als ob* ein liebevolles Gewahrsein unser tiefster Wesenskern wäre.

Trotz ihrer intellektuellen Streitbarkeit lebte meine Mutter in ihren letzten Jahren zunehmend in diesem Geist des Vertrauens und fand ein tiefes Gefühl von Frieden. Sie verstummte staunend, wenn sie die Silhouette eines Baumes vor dem Abendhimmel sah. Außerdem blieb sie immer interessiert an anderen Menschen, deren Bestes sie zum Vorschein brachte, indem sie ihnen verständnisvoll, freundlich und anerkennend zuhörte. Bei ihrer Trauerfeier wurde am häufigsten gesagt, dass man in ihrer Gegenwart die eigene Herzensgüte und den eigenen Wert gespürt habe. Dass es eine *grundlegende* Güte gibt, würde sie wohl noch vom Grab aus bestreiten, aber sie lebte mit Liebe für das Gute in allen Menschen, allen Hunden und allen anderen Lebewesen, denen sie begegnete.

Zu erkennen und darauf zu vertrauen, dass zu unserer wahren Natur eine grundlegende Güte gehört, geschieht nicht durch Denken. Nur wenn wir immer wieder aus unseren Gedanken heraustreten und uns dem Leben mit einer sanften, freundlichen und klaren Präsenz hier und jetzt zuwenden, erfahren wir diesen Wesenskern für uns selbst.

BETRACHTUNG Halten Sie in Momenten echter Präsenz und Fürsorglichkeit inne und spüren Sie nach, wer Sie sind. Nehmen Sie wahr, dass Sie Teil einer weiten, wachen Offenheit sind? Fühlt sich das wie eine Heimkehr an? Können Sie spüren, dass dieselbe Fähigkeit zu lieben aus den Augen von Menschen, Hunden und anderen Lebewesen leuchtet?

Ein Gebet für Mia

Ich war dabei, als meine Enkeltochter Mia geboren wurde, und mein Herz brach auf, als ich dieses zugleich alltägliche und tiefe Wunder erlebte, wie ein neues Wesen ins Leben trat. Mia war wunderschön und vollkommen, und zu sehen, wie sie zum ersten Mal die Augen öffnete und diese Welt wahrnahm, war sehr bewegend. In mir tauchte ein Gebet für sie auf: Möge sie ihrer Herzensgüte vertrauen. Möge sie dem Gewahrsein, der Intelligenz und der Liebe vertrauen und damit der Wahrheit dessen, was sie ist.

Während ich miterlebe, wie Mia wächst und sich entwickelt, wohnt in mir weiter dieses Gebet für sie – dass sie sich in allen Herausforderungen, die das Leben ihr stellt, immer an ihre eigene Güte und die aller Wesen erinnern möge. Dann wird sie wahres Glück erfahren und dazu beitragen, im Herzen von anderen Gewahrsein und Liebe zu wecken.

Besonders in Zeiten, in denen Angst und Spaltung zunehmen, braucht diese Welt es, dass die neue Generation Wertschätzung für das Leben im eigenen Innern und in ihrer Umgebung empfindet. Wie sonst kann es für unsere Welt Heilung geben?

Grundlos glücklich

Bei meinen beinahe täglichen Spaziergängen über die Hügel am Potomac River habe ich viel über Glück gelernt. Früher hatte ich klare Kriterien dafür, was für einen idealen Spaziergang erforderlich wäre: bevorzugte Jahreszeit (Frühlingsanfang, knospendes Grün), optimales Wetter (sonnig, mild), bester Zeitpunkt (Sonnenaufgang, Sonnenuntergang), Anzahl von Menschen in der Nähe (null).

Von besonderem Wert war für mich, wenn ich etwas Ungewöhnliches sah, zum Beispiel einen Biber oder einen Pfeifschwan. Außerdem waren meine Spaziergänge am allerbesten, wenn ich mich leicht, agil und schmerzfrei fühlte. Ach, wie meine Stimmung doch stieg, wie dankbar und glücklich ich war, wenn alles so war, wie es sein sollte! Mit der Zeit fiel mir allerdings auf, wie leicht sich Klagen einschleichen konnten, wenn einige meiner idealen Voraussetzungen nicht erfüllt waren, zum Beispiel, wenn kalter Nieselregen fiel, wenn massenhaft Sonntagsspaziergänger unterwegs waren oder wenn ich Knieschmerzen hatte.

Als ich eines Abends wieder einmal über die Hügel wanderte, begriff ich endlich. Während ich den herrlichen Vollmond bewunderte, der über den Horizont stieg, wurde mir klar, was eigentlich offensichtlich war: Wenn mein Glück davon abhing, dass die idealen Voraussetzungen für einen Spaziergang erfüllt waren, dann war das so, als könnte ich nur bei Vollmond zufrieden sein!

In den buddhistischen Lehren ist von zwei Arten Glück die Rede. Die eine ergibt sich, wenn das Leben so ist, wie wir es haben wollen – schönes Wetter, liebevolle und harmonische Beziehungen, beruflicher Erfolg, körperliches Wohlbefinden. Diese Art Glück hängt davon ab, dass alles nach unseren Vorstellungen läuft. Die andere Art – grundloses Glück – hängt nicht davon ab, was in unserem Leben geschieht. Sie ist die Freiheit unseres Herzens, wenn wir bedingungslos präsent sind und in einem wachen, offenen Gewahrsein ruhen. Egal, was dann gerade vor sich geht, spüren wir, dass im Grunde alles gut ist.

Nach meiner Vollmonderkenntnis fing ich allmählich an, bei meinen Spaziergängen grundlos Glück zu empfinden. Ich stellte fest, dass ich mich selbst an kalten, grauen Tagen über die Schönheit der Natur freuen konnte, ich genoss ein Gefühl der Verbundenheit, wenn viele andere Menschen unterwegs waren, und ich nahm meine schmerzenden Gelenke mit Fürsorglichkeit wahr, statt mich davon entmutigen zu lassen. Eines Tages ging ich mit Bauchschmerzen und Sorgen wegen allerhand unerledigter Dinge los (nicht optimal). Ich stieg einen steilen, vereisten Pfad hinauf (kein idealer Untergrund), und als ich oben ankam, sah ich, dass jemand eine Schokoriegelhülle auf den Boden hatte fallen lassen (Umweltverschmutzung, schlecht). Während ich stehen blieb und mich umschaute, überprüfte ich, wie ich mich trotz aller unangenehmen Dinge tatsächlich fühlte. Was ich wahrnahm, verblüffte mich. Es machte mir überhaupt nichts aus, wie die Bedingungen waren – der Spaziergang war so gut, wie er nur sein konnte. Außerdem fühlte ich mich glücklich, und zwar ohne jeden Grund. Als ich überlegte, was ich in diesem Moment empfand, merkte ich, dass mein Glücksgefühl einfach dadurch entstand, präsent und wach zu sein. Mit dieser Präsenz verbunden war das Gefühl, zum Leben in mir und um mich herum zu gehören, genau so, wie es gerade war. Ich nahm meine Gelenkschmerzen und meine Sorgen wahr, ich konnte den Abfall aufheben und trotzdem ein grundlegendes Wohlbefinden spüren.

Meine täglichen Spaziergänge sind weiterhin meist richtig angenehm, und ich habe festgestellt, dass mein grundloses Glücksgefühl sich auf andere Aspekte meines Erlebens ausdehnt – auf den Schmerz, wenn ich eine Kluft zwischen mir und anderen spüre, auf die Beklemmung, wenn ich mir Sorgen mache, ich könnte in irgendeiner Hinsicht versagen, auf die Angst und die Trauer um Menschen, die es schwer haben, auf meine Sorge um den Zustand unserer Erde. Solange das alles von einer bedingungslosen und zärtlichen Präsenz umfangen ist, bleibt ein Grundgefühl des Wohlbefindens bestehen. Wenn wir in unserem Herzen Raum für alles haben, was geschieht, für den Mond in all seinen Phasen, öffnet uns das für die Freiheit, grundlos glücklich zu sein.

BETRACHTUNG Denken Sie an einen Moment in letzter Zeit, als Sie sich glücklich gefühlt haben. War das nur der Fall, weil das Leben gerade so lief, wie Sie es wollten? Achten Sie im Lauf des Tages auf jene Momente, in denen grundlos und unabhängig von den äußeren Umständen ein Gefühl des Wohlbefindens in Ihnen auftaucht. (Das kommt tatsächlich vor!) Spüren Sie, wie die Qualität Ihrer eigenen Präsenz dieses Gefühl entstehen lässt.

Das Löwengebrüll

Im Lauf der Jahre ist der Dalai Lama oft mit buddhistischen Lehrerinnen und Lehrern aus dem Westen zusammengekommen, um ihnen Rat zu erteilen und mit ihnen über das zu sprechen, was ihnen bei ihrer Tätigkeit begegnet. Einmal wurde er bei einem Treffen in Asien gefragt, was das Wichtigste sei, das man Menschen auf der spirituellen Suche vermitteln solle. Ohne zu zögern, erwiderte er, man solle sie darin bestärken, »der Kraft ihres Herzens und ihres Gewahrseins zu vertrauen, in allen nur möglichen Umständen zu erwachen«.

In den tibetischen Lehren wird dieser Grad an Vertrauen gelegentlich als Löwengebrüll bezeichnet. Ausgedrückt werden damit die Freude, Zuversicht und Kraft, die aus dem Wissen entstehen, dass wir uns dem Leben öffnen können, weil unser Herz mit allem umgehen kann, was auf uns zukommt.

Wie wäre es wohl, jeden Tag mit dem Löwengebrüll zu leben und darauf zu vertrauen, dass alles, was geschieht – auch die größten Verluste und die tiefsten Ängste –, das Potenzial hat, Weisheit und Liebe zu wecken?

Diese kostbaren Momente

Vor Jahren sollte der Zen-Meister Thich Nhat Hanh in der Nähe meines Wohnorts ein Wochenendretreat leiten. Meine Freundin Luisa Montero-Diaz und ich beschlossen, gemeinsam daran teilzunehmen. Wir waren beide Mütter und zugleich als Meditationslehrerinnen tätig, weshalb das eine wunderbare Gelegenheit war, uns eine Pause zu gönnen und in einem besonderen Rahmen zusammen etwas Zeit zu verbringen.

Nachdem Thay, wie seine Schülerinnen und Schüler ihn nennen, uns mit seinen Vorträgen zwei Tage lang das Herz geöffnet hatte, beendete er das Wochenende, indem er uns aufforderte, uns für eine abschließende Übung zu Paaren zusammenzufinden. Da Luisa und ich nebeneinander standen, wandten wir uns einander zu und verneigten uns wie angewiesen, um den Buddha in uns und der anderen zu begrüßen. Dann bat Thay uns, uns zu umarmen, aber nicht auf die schnelle, freundliche Weise, wie man es normalerweise unter Freundinnen und Freunden tut, sondern auf die, während dreier langer, tiefer Atemzüge miteinander verbunden zu bleiben. »Beim ersten Atemzug«, wies er uns an, »sagt ihr sanft zu euch selbst: ›Ich werde sterben.‹« Beim zweiten sollten wir schweigend an unser Gegenüber denken: »Du wirst sterben.« Und beim dritten Atemzug: »Wir haben nur diese kostbaren Momente zusammen.«

Luisa und ich kannten uns seit Jahren, und es war ein großes Geschenk zu erkennen, wie kostbar die gemeinsam verbrachte Zeit tatsächlich war. Als wir uns aus der Umarmung lösten und uns schweigend gegenüberstanden, betrachtete ich Luisa mit großer Zärtlichkeit und sah die einzigartige, wunderbare Schönheit in ihr. In ihrem Lächeln und ihren leuchtenden Augen spürte ich, dass sie dasselbe für mich empfand. Diese offene, herzliche Präsenz umfing uns immer noch, als wir das Retreat verließen und nach Hause in unser betriebsames Leben zurückfuhren. In uns trugen wir die eindringliche Erinnerung an das, was wir gemeinsam erlebt hatten – dass alles, was uns wichtig ist, vergehen wird und dass wir nur diese kostbaren Momente haben, hier und jetzt.

Stehen bleiben

Als ich auf dem College war, besuchte ich meinen ersten Yoga-Kurs. Ich wohnte in der Nähe, weshalb ich nach dem Unterricht auf einem von Bäumen gesäumten Fußweg nach Hause gehen konnte, was immer eine Freude war. Der Frühlingsabend war so schön, dass ich auf die Idee kam, eine Weile weiterzugehen. Ich erinnere mich an den Duft blühender Obstbäume, an den sanften Wind auf meiner Haut und an die Ruhe in meinem Innern. Irgendwann stand ich unwillkürlich völlig reglos da und spürte, dass mein Körper und mein Geist sich zur selben Zeit am selben Ort befanden. Ich eilte weder mit meinen Gedanken in die Zukunft, noch grübelte ich über die Vergangenheit nach. Was ich empfand, war einfach ein Gefühl der Präsenz, in der alles heilig, geheimnisvoll und ganz lebendig war.

Unser Körper lebt im gegenwärtigen Moment, aber unser Kopf begibt sich auf Zeitreise. Wenn Körper und Geist zur selben Zeit am selben Ort sind, entdecken wir die kreative Präsenz, die unser Wesen belebt.

Unser wahres Zuhause

Der Raum in unserem Körper und der Raum, der das Universum ausfüllt, sind ein zusammenhängender Raum, der vom Licht des Gewahrseins erfüllt ist. Kein Innen, kein Außen. Kein Selbst, kein anderes. Dieser grenzenlose, ungeteilte Raum des Gewahrseins mit seinen unendlichen Ausdrucksformen der Lebendigkeit ist unser wahres Zuhause.

Ein Herz, das für alles bereit ist

Freiheit entsteht durch ein Herz, das für alles bereit ist. Diese Lehre eines burmesischen Meditationsmeisters fordert uns auf, mit einer mutigen Präsenz zu leben. Für gewöhnlich nehmen wir an, wir wären nicht genügend vorbereitet und könnten mit dem, was uns erwartet, nicht umgehen. Was wäre, wenn Sie nicht beklommen in die Zukunft blicken, sondern davon ausgehen, dass Ihr Herz bereit und verfügbar für alles ist, was das unkontrollierbare Leben ihm bringt? Vielleicht spüren Sie ja, dass Sie das frei dafür machen könnte, das vor Ihnen liegende Leben voll und ganz zu leben, gleich hier und jetzt.

Wenn unser Herz für alles bereit ist, können wir lieben, ohne uns zurückzuhalten, wir können Menschen, die leiden, die Hand reichen und wir können die geheimnisvolle Schönheit unserer Welt genießen. Wir haben die Freiheit, aus dem kreativen, grenzenlosen Gewahrsein heraus zu leben, das unsere wahre Natur ist.

Der Duft des Gewahrseins

Eine der größten Illusionen auf dem spirituellen Pfad ist die, wir seien *unterwegs* zu einem weiseren und liebevolleren Zustand. Der werde, meinen wir, irgendwann in der Zukunft nur dann eintreten, nachdem wir die richtigen Übungen gemacht, die richtige Lehrerin oder den richtigen Lehrer gefunden und die richtigen Bücher gelesen haben. In Wahrheit befindet sich das liebevolle Gewahrsein, nach dem wir uns sehnen, nicht in der Zukunft oder irgendwo anders. Es ist der Kern dessen, was wir bereits sind.

Eine wunderschöne Geschichte aus dem alten Indien illustriert diese Tatsache. Eines Tages bemerkte ein kleines Moschustier einen angenehmen, unwiderstehlichen Duft in der Luft. Fasziniert davon machte es sich auf den Weg herauszufinden, woher dieser Duft kam. Tag und Nacht suchte es unermüdlich, bis es schließlich erschöpft zu Boden sank und aufgab. Als es sich zusammenrollte, durchstieß sein Eckzahn ein winziges Säckchen an seinem Bauch, worauf die Luft sich mit dem kostbaren Duft füllte, nach dem es so hartnäckig gesucht hatte. In diesem Augenblick erkannte das Moschustier, dass das, was es verfolgt hatte, die ganze Zeit aus ihm selbst gekommen war.

Wir mögen noch so weit umherschweifen und noch so intensiv auf die Suche gehen, das erwachte, zärtliche Gewahrsein, nach dem wir uns sehnen, ist bereits in uns, nur einen halben Atemzug des Erinnerns entfernt. Dieser Kern unseres Wesens kann jederzeit erwachen, wenn wir in der Ruhe der vollen Präsenz ankommen.

Wir spüren die Tiefe unseres Wesens im Nachthimmel,
im Geheimnis des Schweigens und der Stille.
In diesen Momenten des gegenstandslosen
Gewahrseins erleben wir eine wortlose Heimkehr,
eine Verwirklichung des reinen Seins.

Wahrheit oder Liebe?

In den ersten Jahren meiner spirituellen Praxis fragte ich mich manchmal, was tiefer war – meine Sehnsucht, die Wahrheit zu erkennen, oder meine Sehnsucht, Liebe zu erfahren. Was lenkte meinen Weg am meisten, was gab ihm Kraft? Tief im Innern wusste ich zwar, dass es sich nicht um ein Entweder-oder handelte, aber dennoch schwankte ich zwischen dem Bedürfnis, mich in einer grenzenlosen, liebevollen Präsenz aufzulösen, und dem gleichermaßen starken Wunsch, die Wahrheit und die Natur der Wirklichkeit zu entdecken.

Gelegentlich öffnete ich mich einem leuchtenden Feld aus liebevollem Gewahrsein und erkannte, dass jenseits davon nichts vorhanden war. Die ganze Schöpfung war ein Teil meines Herzens. In diesen Momenten der Nähe zu allem Leben spürte ich: *Das ist es*, das ist die kostbare Bestimmung des Weges. Wenn zu anderen Zeiten völlige Ruhe und Offenheit vorhanden waren, entstand eine klare Erkenntnis der leeren, vergänglichen Natur des Selbst und aller Existenz. Diese Momente des schlichten *Seins* förderten Einsichten, Weisheit und eine tiefe Wertschätzung für die Wahrheit.

Im Lauf der Jahre wurde mir immer klarer, dass Wahrheit und Liebe miteinander verflochten sind. Wie die Facetten eines Edelsteins sind sie Aspekte einer Realität, wobei Wahrheit durch das Denken widergespiegelt wird und Liebe durch das Herz. Gemeinsam drücken sie die Freiheit unseres erwachenden Geistes aus.

Wunderschön ausgedrückt hat das der indische Weise Sri Nisargadatta Maharaj: »Die Liebe sagt: Ich bin alles. Die Weisheit sagt: Ich bin nichts. Zwischen beidem fließt mein Leben.«

Danksagung

Zum Entstehen dieses Buches haben die Großzügigkeit, Hilfsbereitschaft und Sorgfalt von vielen Menschen beigetragen.

Die Idee kam von den regelmäßigen Zuhörerinnen und Zuhörern meines Podcasts, die fragten, ob man aus einigen ihrer Lieblingsgeschichten und –zitate nicht ein Buch machen könne.

Den ersten Schritt in diese Richtung haben einige meiner lieben Mitarbeiterinnen getan, Janet Merrick, Barbara Newell und Christy Sharshel. Sie haben aus meinen Büchern, Vorträgen und Aufsätzen infrage kommende Passagen ausgesucht.

Mein Agent und Freund Paul Mahon hat mich mit seiner großen Klarheit, seinem Geschick und seinem Humor dabei unterstützt, das Buch bei Sounds True unterzubringen.

Jaime Schwalb, meine kluge, begabte Lektorin bei Sounds True, hat das Buch entscheidend geformt, als sie mich ermutigte, mich auf Geschichten über meine persönliche Entdeckungsreise zu konzentrieren. Dank ihrer wahrhaft partnerschaftlichen Arbeitsweise war die Herausforderung, das Buch zur Veröffentlichung vorzubereiten, eine wahre Freude.

Bei der Redaktion hat Shoshana Alexander, eine gute Freundin, jedes Kapitel aufmerksam durchgelesen und mit ihrer literarischen Kreativität bereichert. Zudem hat sie mich bei der Arbeit mit Begeisterung, Zuspruch, Liebe und Humor unterstützt.

Meine Schwester Darshan Brach hat alle Schritte mit klugem Herzen und scharfem Auge begleitet. Sie und die mit uns befreundete Künstlerin Susan Greene haben viel zu den ästhetischen Aspekten des Buchs beigetragen.

Mit großer Begabung hat die Künstlerin und Illustratorin Vicky Alvarez diese Seiten mit wunderschönen Bildern belebt.

Mein Vertrauen zu dem Gold in uns gründet sich aber auch auf viele andere: auf meinen lieben Mann und meinen Sohn, auf Familienmitglieder und meinen Freundeskreis, auf Schülerinnen und Schüler, Kolleginnen und Kollegen, mein Team, die Mitglieder der Insight Meditation Community of Washington, alle vom Mindfulness Meditation Teacher Certification Program, ganz verschiedene Lehrerinnen und Lehrer aus allen Zeiten, meine nicht menschlichen Freundinnen und Freunde und diese kostbare Erde, unsere Heimat. Voll Dankbarkeit verneige ich mich vor der Herzensgüte, die euch alle durchströmt.

Anmerkungen

»Schwierige Wahrheiten aussprechen und empfangen«

»Ich will mich entfalten …«: Aus Rainer Maria Rilke, »Das Buch vom mönchischen Leben«, in »Das Stunden-Buch«, *Sämtliche Werke*, Bd. 1, Wiesbaden und Frankfurt a. M.: Insel 1955, S. 259. Online verfügbar unter www.rilke.de/gedichte/das_buch_vom_moenchischen_leben.htm

»Schwierige Wahrheiten aussprechen und empfangen«

»Die Dichterin Adrienne Rich …«: Adrienne Rich, *On Lies, Secrets, and Silence: Selected Prose 1966–1978*, New York: W. W. Norton & Company 1979.

»Jeden Tag, was immer auch geschieht«, »Die Grenze unserer Freiheit«, »Sich an den Heimweg erinnern«

Wer sich näher mit dem persischen Dichter Dschalal ad-Din Rumi beschäftigen will, kann das in diesen Bänden tun: Maulana Dschelaladdin Rumi, *Von Allem und vom Einen*, Übers.: Annemarie Schimmel, München: Diederichs 2020; Dschalaluddin Rumi, *Traumbild des Herzens*, Übers.: Johann Christoph Bürgel, München: Manesse 2015 (Anm. d. Übers.).

»Bitte, möge ich freundlich sein«

»Eine am Theologischen Seminar von Princeton …«: John M. Darley und C. Daniel Batson, »From Jerusalem to Jericho: A Study of Situational and Dispositional Variables in Helping Behavior«, *Journal of Personality and Social Psychology* 27, Nr. 1, 1973, S. 100–108. doi.org/10.1037/h0034449

»Unsere geheime Schönheit«

»Dieses Erlebnis erinnerte mich …«: Thomas Merton, *Conjectures of a Guilty Bystander*, New York: Doubleday Religion 1965.

»Die Brücke zwischen Sehnsucht und Zugehörigkeit«

»Wie der Dichter John O'Donohue …«: John O'Donohue, *Eternal Echoes: Celtic Reflections on Our Yearning to Belong*, New York: Cliff Street Books 1999.

»Bei Kummer Gesellschaft leisten«

»Wie die Mutter der Welt …«: Pir Vilayat Inayat Khan, *Introducing Spirituality into Counseling and Therapy*, New York: Omega Publications 1982.

»Die Furcht unserer Welt«

»Wenn Sie in schwierige Emotionen …«: Mehr über die RAIN-Meditation erfährt man in meinem Buch *Dein furchtloses Herz: Mit der RAIN-Methode schwierige Emotionen heilen*, München: O.W. Barth 2020. Zusätzliches Material im Internet unter tarabrach.com/RAIN/

»Ist das Universum ein freundlicher Ort?«

»Ich glaube, die wichtigste Frage …«: Im Allgemeinen, vor allem im Internet, wird diese Bemerkung Albert Einstein zugeschrieben, was ich jedoch nicht verifizieren konnte. Faszinierend ist die Frage, ob das Universum ein freundlicher Ort ist, aber auf jeden Fall, egal, von wem sie stammt.

»Wahrheit oder Liebe?«

»Die Liebe sagt …«: Jack Kornfield, zu dessen Lehrern Nisargadatta Maharaj gehörte, zitiert diese Passage auf seiner Website unter jackkornfield.com/identification/

Über die Autorin

Tara Brach ist eine international bekannte Meditationslehrerin und die Autorin von Büchern wie *Mit dem Herzen eines Buddha*, *Nach Hause kommen zu sich selbst* und *Dein furchtloses Herz*. Jeden Monat verfolgen mehr als drei Millionen Menschen ihren Podcast, der sich damit beschäftigt, wie wertvoll Meditation sein kann, um emotionales Leiden zu lindern, spirituell zu erwachen und zu gesellschaftlichen Veränderungen beizutragen. Nachdem sie über zwanzig Jahre lang als klinische Psychologin tätig war, leitet sie heute Workshops für Therapeutinnen und Therapeuten. Gemeinsam mit ihrem Kollegen Jack Kornfield betreut sie eine Ausbildung für Achtsamkeitslehrerinnen und -lehrer, an der Menschen aus mehr als fünfzig Ländern teilnehmen. Als Gründerin und Hauptlehrerin der Insight Meditation Community of Washington, D.C., leitet sie Meditationsretreats und ein wöchentlich live gestreamtes Treffen. Im Rahmen ihres Bestrebens, Mitgefühl in der Gesellschaft zu wecken, hat sie Workshops für Abgeordnete und Mitarbeitende des amerikanischen Kongresses und für in Washington tätige Richterinnen und Richter geleitet. Mit ihrem von Achtsamkeit und Mitgefühl geprägten Ansatz wendet sie sich Problemen wie Rassismus und sozialer Gerechtigkeit sowie Fragen von Umweltgerechtigkeit, Nachhaltigkeit und Tierrechten zu. Weitere Informationen auf tarabrach.com.

Über die Illustratorin

Als Malerin und Illustratorin widmet Vicky Alvarez sich ihren Themen mit einer Liebe zu der intimen und kontemplativen Erfahrung, Kunst zu schaffen und dabei Dinge zum Vorschein zu bringen und zu heilen. Inspiriert wird sie von ihrer eigenen inneren Landschaft und einem Blick, der Unschuld und Einfachheit, die menschliche Verletzlichkeit und das Mystische wahrnimmt. Zurzeit lebt sie abwechselnd in ihren beiden Heimatländern England und Spanien. Ihre Kreativität und ihre emotionale Welt erkundet sie auch durch Tanz, in der Natur und bei der Arbeit mit Ton. Weitere Informationen auf vickyalvarez.com.

Zwar kann das Gold unserer wahren Natur unter Angst, Selbstkritik und Verwirrung begraben sein, doch je mehr wir dieser liebevollen Präsenz als Wahrheit dessen vertrauen, wer wir sind, desto mehr bringen wir sie in uns selbst und in allen, auf die wir treffen, zum Vorschein.

Tara